石塚由紀夫

SHISEIDO IMPACT

資生堂インパクト

子育てを聖域にしない経営

日本経済新聞出版社

はじめに

日本社会は女性活躍のあり方を真剣に議論できるほど成熟していないのか。2015年秋に「資生堂ショック」が起きたとき、ネット上で日々高まる資生堂への批判をやるせない気持ちで見ていた。

資生堂はデパートや化粧品専門店などの化粧品売り場で働く美容部員を約1万人雇用している。子育てのために短時間勤務制度を利用する美容部員は主に早番に入っていたが、2014年春から遅番や休日シフトにも入るように会社が要請した。短時間勤務者が増えた結果、遅番や休日シフトがそのほかの同僚に偏り、職場の不公平感が高まったためだ。一連の働き方改革を2015年に新聞やテレビなどメディアが紹介すると「子育て中の社員に冷たい」「女性を敵に回すのか」と資生堂はやり玉にあげられた。これがいわゆる「資生堂ショック」である。

日本は今、かつてないほど女性活躍推進ムードが高まっている。その実現にはいくつもの課題があり、子育てとキャリアの両立もその1つ。子育てしながら働き続けるのに職場の配慮は絶対に欠かせないが、配慮が行き過ぎると女性のキャリア形成を逆に阻害し、活躍の場を奪う。それは働く側と企業の双方に好ましくない。働く側と企業がともに利益を享受できる仕組みづくりが求められているのに、子育て社員にわずかでも不利益をもたらす可能性のある施策を企業が打ち出すと「子育て中の社員や、その子どもがかわいそう」といった同情論が先行し、企業は矢面に立たされる。「資生堂ショック」が起きる前も、そんな事例をいくつか見てきた。子育てを聖域にしたままでは、女性活躍社会に一歩踏み出せないことに日本社会はなかなか理解を示さない。

本書は「資生堂ショック」と呼ばれる働き方改革に資生堂がなぜ取り組んだのかを検証する。資生堂は日本を代表する女性活躍推進企業だ。過去から現在に至るまで子育て支援や女性の意識改革、職場風土の改善など様々な施策を打ってきた。結婚や出産を理由に退社する女性社員はほぼいなくなり、女性管理職比率は30％に迫る。妊娠・出産をきっかけに女性に退職を迫るブラック企業とは一線を画す存在だ。

詳細は本文に譲るが、資生堂の狙いは「女性が働きやすい会社」から「女性も働きがいのある会社」への進化にあった。女性活躍推進のゴールは、女性にやさしい社会をつくることではない。女性が能力ややる気に応じて誰からも制限されずに思い切り活躍できる社会が目指すゴールであるはずだ。働きがいのある会社は、その1つの形だ。長年の女性活躍推進の取り組みや成果などを含めて今回の働き方改革を俯瞰して眺めると「資生堂ショック」は対岸の火事ではなく、これから女性活躍を進める多くの企業が直面しうる課題だと分かる。将来を予見し、備えることができれば女性活躍はよどみなく進められるだろう。

取材を進めれば進めるほど「資生堂ショック」を、特定の1社に起きた出来事だと矮小化《わいしょう》してとらえるべきではないと思いを強くした。子どもがいる社員といない社員の不公平感の解消が働き方改革の起点ではあるが、「男は仕事、女は家庭」といった性別役割分担意識など社会全体の問題が底流にある。書籍タイトルを「資生堂インパクト」としたのは、「資生堂ショック」が浮き彫りにした問題は資生堂1社だけでなく、企業社会のあり方そのものに幅広く衝撃を与えうると考えたためでもある。

本文に入る前に、1つ問題提起をしておきたい。それは女性の就労意欲に関する言説だ。「女性活躍推進というけれど女性は望んでいない」「うちの職場では仕事に意欲的でない女性が多い」。男性を中心にこうした意見を今もよく聞く。女性活躍推進が議論になるとき、真っ先に問題視されるのも女性側の意識だ。

だが本当に女性は働く意欲が低いのだろうか？

英国の社会学者キャサリン・ハキム氏は現代女性のキャリア意識を3つに分類する。仕事を最優先する「Work－centred」、家庭を大切にする「Home－centred」、外部環境などにより優先度を柔軟に変える「Adaptive」だ。日本流の言葉で置き換えれば「Work－centred」は「バリキャリ」で、「Home－centred」は「ゆるキャリ」といった感じであろう。ハキム氏の分析によれば「Work－centred」と「Home－centred」がそれぞれ女性の2割を占め、6割が「Adaptive」に当たるという。

ハキム氏の理論でおもしろいのは、どのタイプに属するかは養育環境や教育、性格などで就職する前に固まっており、その後は変わらないという点だ。

つまり「バリキャリ」と呼ばれる女性は2割存在し、彼女らは会社や管理職が何もしなくても、どんな職場環境であろうとも黙々と仕事に励み、管理職などキャリアアップを目指す。他方「ゆるキャリ」も2割おり、彼女らはどんなに周囲が働きかけようとも家庭・子育てを第一に考え続ける。女性活躍推進の成否のカギを握るのは、むしろ残る6割の女性たちの動向だ。彼女たちは仕事への意欲が高まる働きかけがあれば仕事の優先順位があがるが、仕事が単調でつまらないなど就労環境次第で家庭・子育てを最優先にしてしまう。

「女性社員のやる気がみえない」と嘆く企業は、自分たちの言動や女性社員の待遇・育成方針、職場環境に問題がないかを一度考えてみるといい。全女性の6割も占めるAdaptive女性を、会社や管理職が先入観にとらわれずにきちんと導ければ女性活躍は加速度的に進んでいく。

ではどんな働きかけが有効なのだろうか？　この問いを頭の隅に残しつつ、本文を読み進めてほしい。資生堂の取り組みのなかに多くのヒントが隠れている。

なお、執筆に当たり、肩書きとして記しているのは2016年4月時点のものを基本としている。文中では敬称を略した。

石塚由紀夫

2016年5月

目次

第4章 経営戦略上のBCの位置づけ……135

第5章 女性管理職30%への道……169

第6章 ダイバーシティ経営 ——魚谷雅彦社長語る

第7章 女性活躍3つの誤解……225

カバーデザイン◆竹内雄二
本文デザイン◆野田明果

序章

「資生堂ショック」

1　短時間勤務者も遅番に

勤務シフトに偏り

「これからは育児時間勤務者も遅番、土日・休日勤務を検討してもらいます。実施は2014年4月から。それまでに地域や家族の協力、有料保育サービスの利用などを通じて保育環境を整備してください」

2013年11月、資生堂の美容部員（ビューティーコンサルタント＝BC）は全国各地の会議室に集まり、会社作成のDVDを見ていた。「仕事と育児の両立　新たなステージへの進化」と題されたDVDは全編20分強。人事担当役員らが登場し、「育児時間制度」を使って子育て中のBCに働き方の見直しを迫った。育児時間とは一般的に育児短時間勤務と呼ばれる、仕事と子育ての両立支援策のこと。子育て期の仕事の負担を軽くするために1日の勤務時間を通常より2時間まで短縮できる働き方だ。育児時間を使うBCは主に早番に入り、午後5時前に退店していた。休日勤務も免除されるケースが多かった。そこに会社はメスを入れるという。

化粧品の対面販売を担うBCは資生堂の社員だが、勤務先はデパートや化粧品専門店、

GMS（総合スーパー）などの店頭だ。一般的に平日夕方以降や休日は来店者が増える。優先的に早番に入るBCの代わりに、忙しい時間帯・休日の勤務ばかりを割り振られる同僚BCから「なぜ私たちばかりが……」と不満が高まっていた。BCはほぼ全員が女性。会社の手厚い支援策を活用して出産後も働き続ける女性社員が増えて、この時点で全国各地の店頭に立つBC1万人のうち、1割強が育児時間を使っていた。職場の同僚が助け合いの気持ちでカバーするのも限界に近づきつつあった。

ほとんどのBCは働き方改革の概要をDVDで初めて知った。実施まで数カ月の猶予はあったが、当事者のBCにとっては一大事だ。早番勤務を前提に子どもを保育園に預けて働いている。夜9〜10時まで営業する店舗が増えており、遅番に入ると保育園の迎えに間に合わない。そもそも認可保育園は希望しても定員超過で入園できない「待機児童問題」が国レベルの政治課題に上るほど質・量ともに足りていない。夜間や休日に子どもを預かってくれる保育園は一部にすぎず、遅番や休日勤務に入るとき、子どもの世話は誰に任せればいいのか。その日その場で対応策が思いつくはずもなかった。

これが後に「資生堂ショック」と命名され、社会的な議論を呼ぶ資生堂の働き方改革の始まりだった。

「無理に決まっている」「仕事を続けられない」「子育て支援が手厚いから入社したのに」。説明会が終わると一部の当事者らは戸惑いの声を上げた。だがその年の春から念入りに準備を進めてきた会社の姿勢は揺るがなかった。当初の方針通りに手続きを進めた。育児時間を利用するすべてのBC1200人と個別面談を実施。一人ひとりの子育て状況を丁寧に聞き取りながら、どの程度なら遅番や休日勤務が可能かを話し合い、結果的にほぼ全員が2014年4月から遅番・休日勤務を受け入れた。

職場に不協和音

「ちょっとまずい状態になっているな」。関根近子(現資生堂顧問)は2012年に執行役員に就くと、全国の事業所を積極的に回り、現場のBCや営業担当社員の声に耳を傾けた。美容統括部長を兼務し、全国のBCを束ねる立場だ。全国で日々顧客と向き合い、資生堂化粧品を販売しているBCがどんな悩みや問題を抱えているかを知り、改善策を探る狙いだ。そしてすぐに、育児時間を利用するBCの増加が職場の不協和音を生み出していると気付いた。

子育て中のBCが「育児時間があるから仕事と育児が両立できている」と喜んでいる一方で、遅番・休日勤務が常態化したBCは「プライベートな時間を持ちにくい」「仕事の負担に偏りがある」と訴えた。いずれは自分たちも子どもが生まれたら使う可能性があるからと一定の理解を示しながらも、「退社時間が来たら周囲が忙しくとも、帰ってしまう」「仕事を途中で引き継ぐことが大変」などと不満を漏らした。不公平感の蔓延は職場全体の士気を下げていた。BCの仕事は顧客におもてなしの精神を持って接することだ。なのに「職場の同僚同士が優しい気持ちを持てずにコミュニケーションがうまくいっていない。そんな職場ではお客さまに満足のいくサービスを提供できない」と関根は危惧した。

関根自身もBC出身だ。1972年に山形県でBCとして採用された。売り場に10年立った後、若手の指導役を務めた。1991年に資生堂子会社「ディシラ」へ出向して営業職に転換、資生堂大阪支店長、国際事業部美容企画推進室長などを経て執行役員に就いた異色のキャリアの持ち主だ。

24歳で結婚して翌年長男を産んだ。当時女性は子どもが生まれたら、仕事を辞めて家庭に入り、家事・育児に専念するのが当たり前の風潮だった。関根もそのつもりで就職した。だが一度働いてみたら仕事は予想以上におもしろく、子どもが生まれたからといって退職したくなかった。とはいえ、当時は会社の子育て支援策はないに等しい。自営業の夫に「働き続けたい。手伝って」と協力を依頼し、子どもが熱を出しても預かってくれる保育園を探して、仕事と子育てを両立できる体制を自ら整え、働き続けた。育児時間制度はまだできていない。働くならフルタイム勤務。家族や周囲に助けられながら、早番、遅番、休日勤務と、同僚BCと同等に勤務シフトをこなしてキャリアを積んだ。

資生堂は1990年以降に子育て支援制度を整える。育児休業や育児時間の制度を法整備に先駆けて導入するなど手厚い子育て支援策を次々に打ち出した。今や出産・子育てを理由に退職する女性社員はほぼいない。現在の職場環境を関根は心から歓迎している。自身は夫など家族の協力でなんとか乗り切ってきたが、それは並大抵のことではなかった。あまりに多忙すぎて、夫が「仕事を変わってもらえないのか」と言い出し、それをきっかけに1年間夫婦間の会話がほとんどなくなったこともある。同じような両立の苦労をいつまでも後輩たちに背負わせたくはなかった。

だが制度が職場に定着するにつれ、利用者の意識にばらつきが出始めた。「いつの間にか育児時間を使って、夕刻や土日、祝日の勤務が免除されることが当然の権利であるかのようにとらえる社員が散見されるようになった。『やっぱり子育て中の人には頼れないね』と思われるようになったら、制度は使いづらくなってしまう。せっかく手に入れた制度なんだから、後輩たちも気持ちよく使えるようにバトンを渡していく義務が子育て中のBCにはある」と関根は話す。制度利用に頼るだけでなく、同僚や職場に負担をかけずに自分で何ができるかも考えてほしい――関根は自分の経験と思いを機会を見つけては後輩ＢＣに語りかけた。同時に会社にも改善策を訴えた。

2 資生堂ショックの波紋

インターネットで拡散

２０１５年に入ると、資生堂の働き方改革を各種メディアが報じた。日本経済新聞朝刊が「育児を聖域にしない改革」（2月21日）、「働きかたＮｅｘｔ　脱『優しい会社』甘えなくせ挑む資生堂」（6月29日）として紹介し、週刊誌『ＡＥＲＡ』は「一生ヒラではできない仕事がある」（8月3日号）で企業の先進事例として取り上げた。このときの記事中で「資生堂ショック」という言葉が初めて使われたといわれている。「会社にぶら下がって働ける時代が終わった」と働く女性に衝撃を与えた、という理由からだ。「ショック」と名付けているものの、記事は否定的な意味合いを含んでいなかった。

11月9日にＮＨＫが朝の情報番組「おはよう日本」でＢＣに対する働き方改革の動きを「資

生堂ショック」と題して放送すると状況が一転した。「資生堂ショック」という言葉がネット上で瞬く間に拡散した。放送内容自体は、先の日本経済新聞や『ＡＥＲＡ』の記事と同様に、ワーキングマザーの増加に伴う企業の創意工夫として肯定的にとらえていた。ただ放送直後からツイッターなどネット上では子育て中の社員を擁護し、資生堂の姿勢を批判する意見が次々と投稿された。「育児中で土日勤務が無理な社員は辞めてくれということか」「女性を敵に回した」「子どもを産みづらい仕組みに変えてマタハラ（マタニティーハラスメント＝妊娠・出産・子育てなどを理由とした嫌がらせ）としか思えない」「子育ての苦労が分かっていない」。怒りの矛先は資生堂に向いていた。

資生堂にとって不幸だったのは、ネット上で情報が拡散するにつれ、当該の記事や報道を読んだり見たりしていないのに噂や伝聞を基に批判する人が増えたことだ。「制度見直しは会社全体の売上減少が理由」「業績不振の責任を子育て社員に押しつけた」「子育て中もフルタイム勤務者と全く同じ勤務シフトとノルマを課した」など事実と異なる情報が流布し、それを根拠に資生堂への批判はさらに高まった。ネット上では「資生堂の商品はもう買わない」「買うな」と不買運動を呼びかける不穏な動きも起きた。想定外の騒動に資生堂社内は緊張感に包まれた。ＮＨＫの放送日からしばらくは広報担当が不測の事態に備えて、ネット上に飛び交う「資生堂ショック」関連情報を逐一監視した。

当初は批判一辺倒だった雰囲気も時間が経過すると徐々に変化し、資生堂を評価する意見もネットに現れた。「職場の不公平感をなくすのは大事」「子育て中であろうとなかろうと会社に対してきちんと責任を果たそうとする意識は大切」「子育て中の社員を応援したい気持ちもあるが、残されたメンバーが激務なのも事実」など職場への影響を冷静に分析する意見だ。また「夜間や休日に働きたくとも預けられる保育園がない」「夫が協力したいと思っても、勤務先が許してくれない」「そもそも夜遅くや休日にも開店している小売店業界にも問題がある」など、社会全体の子育て支援の不備や意識の問題を指摘する声も出てきた。その後も賛否両論渦巻く論争はネット上で過熱し、年明けまで続いた。

女性活躍ブームとのミスマッチ

議論が白熱した背景は主に3つ挙げられる。1つは日本社会全体を覆う「女性活躍推進」の空気感とのミスマッチ。2つ目は資生堂がもともと「女性が働きやすい会社」「子育てがしやすい会社」といったイメージを持たれていたこと。そして3つ目は、子育てを理由とした短時間勤務者の増加がほかの企業でも問題となり始めており、資生堂の悩みは「対岸の火事」ではなかったことだ。

２０１６年時点の女性活躍推進ムードは13年に政府主導で始まった。前年末の総選挙で自民党は民主党から政権を取り戻し、年明け早々に安倍晋三内閣が発足する。安倍首相は通常国会の所信表明演説で「女性が輝く社会をともに作ろう」と表明し、長期的に低迷する日本経済の再浮揚に女性の力が不可欠として、政府の成長戦略の柱に女性活躍推進を据えた。ここから官民挙げて、女性活躍推進が大きなうねりとなっていく。

企業において女性を戦力化しようとする試みは、これまでも何度か盛り上がったことがある。古くは１９８０年代後半から90年代前半にかけては男女雇用機会均等法施行（１９８６年）をきっかけに大手企業が大卒女性を積極的に採用するなど関心が高まった。均等法ができる前は男性だけを対象にした採用選考が認められていた。「短大卒女子は採用するが、大卒女子は採らない」と公言する大手企業も珍しくなかった。均等法施行で男子のみ採用ができなくなったうえ、当時はバブル経済の最盛期。新卒大量採用も重なって、多くの企業は初めて採用した大卒女性社員の戦力化を模索した。ただバブル経済の崩壊とともに経営上の関心がリストラ（事業の再構築）に移り、目に見える成果をあげないままに企業の女性活躍熱は冷めていった。

２０００年代半ばには「ワーク・ライフ・バランス」（仕事と生活の調和、ＷＬＢ）が経営課題に上り、多くの企業が子育て支援策を拡充した。生産性を高めるためには仕事優先の働き方は見直すべきだと主張され、仕事と家庭の両立のあり方に企業は目を向けた。ただこのときも、リーマンショックに伴う景気減退をきっかけにWLBブームは去った。

振り返ってみると、女性活躍推進ムードは何度か訪れては景気減退とともに沈静化している。その都度、わずかなりとも成果を残しているようだが、働く女性を取り巻く環境は根本的な改善にはいまだ至っていない。仕事と子育ての両立は相変わらず高いハードルで、第1子の妊娠・出産をきっかけに働く女性の約6割は仕事を辞めていく。組織内でどうにかサバイバルできても、キャリアアップを果たせるのは一部の女性にすぎず、日本の女性管理職比率は11・3%で、米国43・7%、英国35・3%などに遠く及ばず、先進国のなかで最下位レベルだ。

ただ2013年に始まる女性活躍推進の動きは、過去のブームとは経済的背景が異なっている。それは2000年代後半に日本は人口減少局面に入り、将来の労働力人口不足が企業経営に暗い影を落としている点だ。ヒト、モノ、カネといわれるように人材は経営に不可欠な3資源の1つ。「男性が外で働き、女性は家庭を守る」といった性別役割分担にこだわっている余裕はなく、女性の力をどう引き出せるかが経営の喫緊の課題となっている。政府と企業は危機感を共有し、それが今回の女性活躍推進ムードの高まりにつながっている。15年には女性活躍推進法が国会で成立し、16年4月以降、従業員301人以上の企業は女性社員を今後どう活躍させていくかを行動計画にまとめて実施することが法的に義務づけられた。

「今回こそは」。日本全体で女性活躍推進にかってないほどの追い風が吹いている。なのになぜこの時期に資生堂は子育て中の女性社員を冷遇するのか。世の中の流れに逆行するかのような資生堂の姿勢は、背景を知らない一部の人には理解しがたく映った。

企業イメージとのギャップ

2つ目は、それが女性活躍の先進企業として知られる資生堂で起きたからだ。日本企業全体は女性登用が遅れているものの、資生堂は2000年前後から積極的に取り組んできており、新聞やテレビなど多数のメディアがこぞって紹介している。対外的な評価も高く、女性活躍に関連する数々の表彰を受けている。旧労働省は1999年度に女性活躍推進を社会に広げるために「均等推進企業表彰」を創設した。資生堂は2000年度に準グランプリに相当する労働大臣努力賞を早くも獲得し、04年度には最も優れた企業に贈られる厚生労働大臣最優良賞を受賞する。08年には日本経済新聞社「にっけい子育て支援大賞」に輝いた。事業所内保育施設を開設するなど仕事と子育てが両立しやすい社内環境・制度が評価された。最近も月刊誌『日経

WOMAN』（日経BP社）の「女性が活躍する会社BEST100」で、2014から16年まで3年連続して総合ランキング1位になっている。資生堂は過去10年以上も、女性活躍分野でトップ集団を走っている。こうした評判は学生にも定着し、女子学生が就職したい会社ランキングで毎年上位の常連企業だ。

BCに対する要請は、従来のこうした「女性にやさしい資生堂」のイメージと相容れない。ギャップが大きかったからこそ、その反動も大きく、会社への厳しい批判につながった。

国内資生堂グループの概要
（2014年4月時点）

社員数	23,900人
女性社員比率	83.40％
平均年齢	男性 42.6歳 女性 40.2歳
平均勤続年数	男性 18.3年 女性 16.5年
女性管理職比率	27.20％
育児休業者	1,421人
育児時間（短時間勤務）取得者	1,882人
結婚・出産・育児を理由とした退職率（女性）	0.70％

資生堂だけの問題ではない

そして背景の3つ目は、短時間勤務者の増加に伴う弊害が、資生堂に限らず多くの企業に広がっていることだ。資生堂の「育児時間」は一般的に「育児短時間勤務」と呼ばれている。もともとは子育て支援に熱心な企業が福利厚生の一環として導入してきた仕組みだ。いわば恵まれた一部の人だけが選べる働き方だった。ところが育児・介護休業法が2010年6月に改正施行され、育児短時間勤務（1日原則6時間）の導入がすべての企業に義務づけられた（従業員100人以下の企業は猶予期間を置き、12年7月から義務化）。誰もが使えるようになって、短時間勤務者はここ数年で急増した。

15年度「仕事と家庭の両立に関する実態把握のための調査」（三菱UFJリサーチ&コンサルティング）によると、企業（従業員301人以上）の59%が「（2010年と比べて）女性で利用が増えた」と回答している。利用理由は「（保育園への）子どものお迎えに間に合わないため」、「子どもの生活時間を優先したいため」の順で多く、今や育児休業と短時間勤務は、仕事と子育てを両立するのに不可欠な制度となっていることがうかがえる。

短時間勤務者がいる職場では、その人の仕事を誰がカバーするかが大きな問題となる。代替要員を確保する会社は少なく、一般的に職場の同僚が分担して対処する。利用者が少ないうちは一人ひとりの負荷もわずかだが、利用者が増えれば増えるほど同僚の負担は増す。

誰もが結婚し、出産するのが当たり前だった時代なら「いずれ君も助けてもらう側になるのだから」と説明し、納得も得やすかった。だが昨今はライフコースも多様化し、生涯独身であったり結婚しても子どもを持たなかったりする人もいる。「いずれ君も……」と説明しても共

短時間勤務者の増加と状況

５年前（2010年）と比較した育児のための短時間勤務制度の利用状況

（社員301人以上の企業、複数回答）

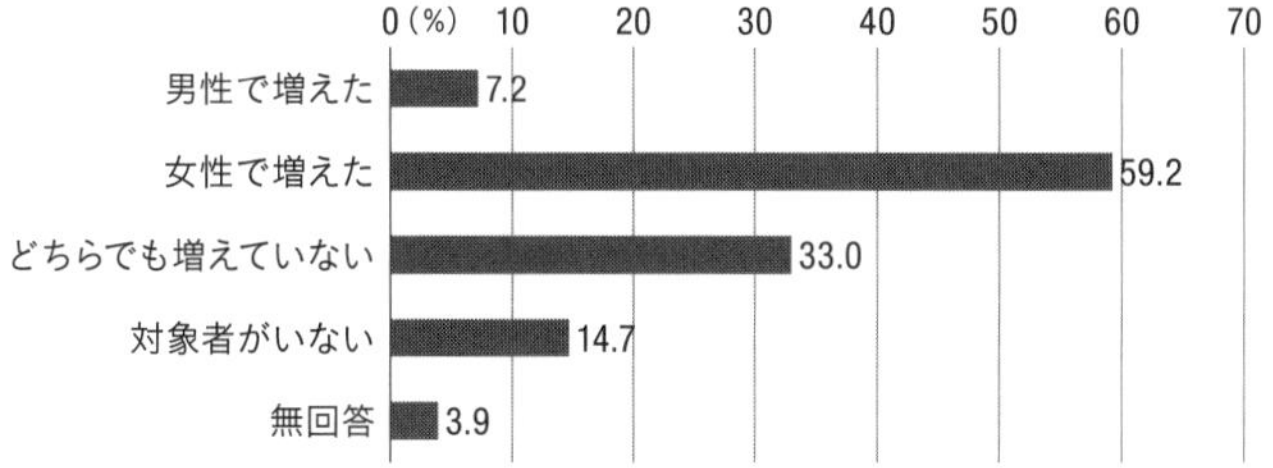

短時間勤務の利用理由

（女性正社員、複数回答）

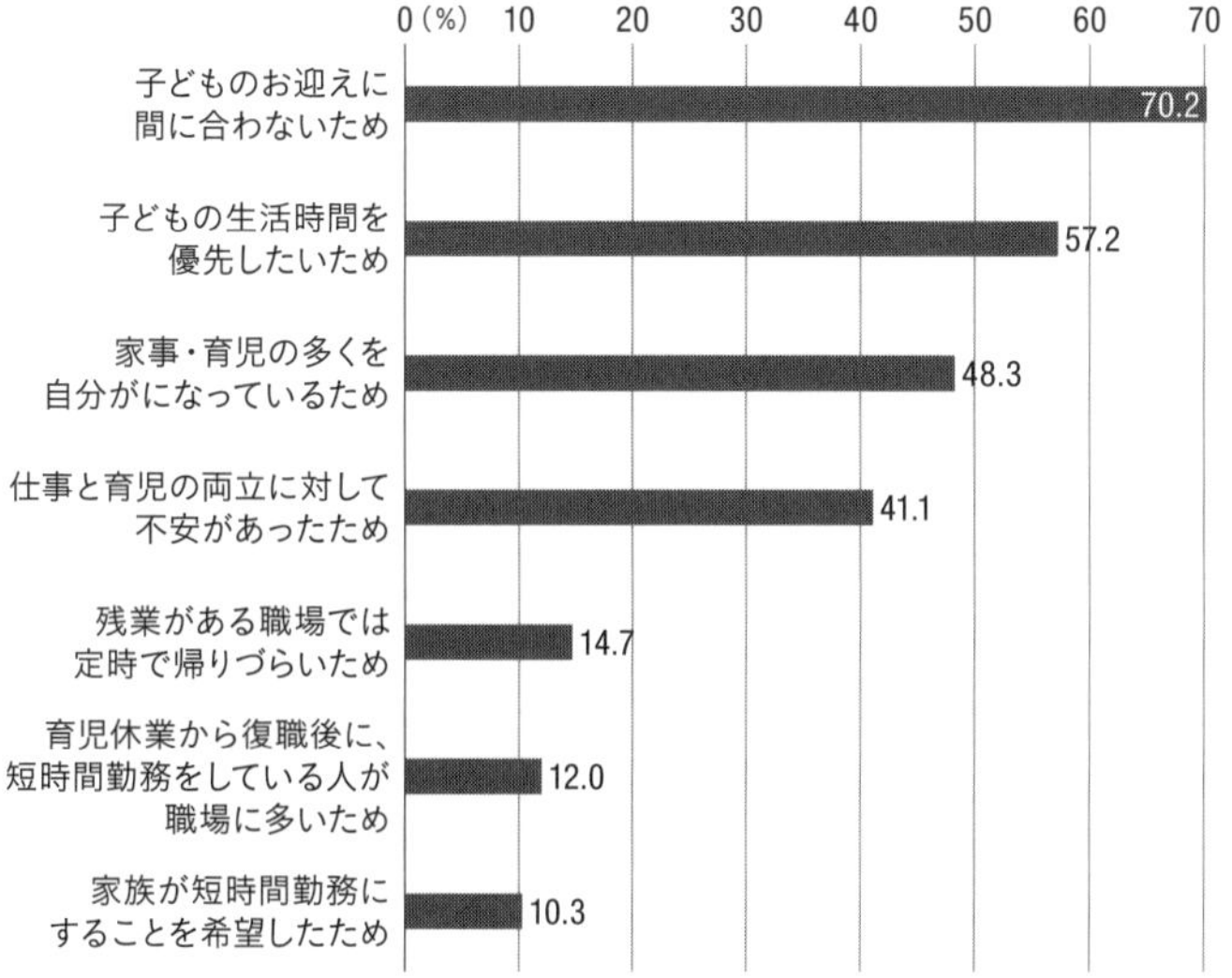

出所：2015年度「仕事と家庭の両立に関する実態把握のための調査」
（三菱UFJリサーチ＆コンサルティング）

感されにくい。

短時間勤務者の増加

管理職にとっては短時間勤務者にどんな仕事を任せて、どう評価するかも難しい課題だ。データ入力のような定型業務ならば勤務時間に比例して業務を切り分けやすい。ただ実際の職場では責任が重い仕事や、難しい判断・高い能力を求められる仕事などが混在し、時間単位で業務は切り出せない。不均衡が生じないように誰にどんな仕事を割り振るか。職場の管理職は今までにないマネジメント能力を求められる。特に日本企業の多くは長時間労働が常態化しており、残業を前提にした業務も少なくない。残業が難しい短時間勤務者に任せられる業務は限られ、結果的に責任が重かったり難しかったりする仕事が同僚のフルタイム勤務者に割り振られ、負担増に拍車がかかる。一方、比較的簡単な業務ばかりを割り振られる短時間勤務者の中にはそれに不満を持つ者もいた。会社からの評価を得づらく、将来のキャリア展望を描けない。やりがいの低下につながる可能性もある。

業務の分配に悩む管理職。負担増で不公平感を抱く同僚社員。仕事へのモチベーション維持が難しい短時間勤務者。短時間勤務者の増加に伴うこれら三者三様の課題を多くの企業は認識しているが、抜本的な解決策を見いだせていない。

企業が実際に取り組んでいる対策は、例えば子育て社員への配慮を同僚社員に求めるなど周知活動をしたり、管理職にマネジメント術を指導したりするものだ。「子育ては聖域」とする見方が大手企業を中心に支配的で、制度を利用する子育て中の社員に対する働きかけはまず聞かない。もし万一、対応を誤り、当事者がマタハラだと受け止めたら、企業や管理職は批判にさらされる。そんなリスクは誰もが避けたい。資生堂は、その〝聖域〟に踏み込んだ。だからこそ企業関係者はその動向と成果に強い関心を持った。

資生堂もBCの働き方改革が、今まで自社が取り組んできた女性活躍施策と一線を画していることはもちろん分かっている。「ここまでは子育て中は働かなくてすむような方向に制度の拡充を繰り返してきた。育児休業期間を法定より長くしたり、短時間勤務を取得できる子どもの年齢を引き上げたり。でも今回は逆。働く側にすればタフアサインメント（困難な課題を割り振ること）」と資生堂人事担当は説明する。

3 資生堂の思惑

女性活躍ステージの進化

ではなぜ資生堂は敢えて一歩踏み出したのだろうか。ＮＨＫの情報番組「おはよう日本」は今回の働き方改革の背景には売上高の減少があると指摘した。営利企業である以上、企業業績の推移は人事制度の変更と必ずしも無関係ではないだろう。ただ今回の働き方改革を直近の売上高減少にだけ結びつけて考えると、資生堂の女性活躍戦略を見誤る。ここまで資生堂が取り組んだ施策も含めて俯瞰してみないと本質がみえてこない。

資生堂が２０００年代半ばごろから、自社の女性活躍戦略を社内外に説明するときに使っている概念図に今回の働き方改革の狙いが見て取れる。概念図は女性が活躍する組織の状況を３つのステージに分けて説明する。第１ステージは子どもが生まれると女性は働き続けるのが難しい状況。子育て支援が不十分で出産退社を余儀なくされる。このステージでは女性は継続的に働き続けられないか、働き続けるにしても家庭を犠牲にせざるを得ない。第２ステージは子育て支援が整い、子育てをしながら誰もが働き続けられる状況だ。そして第３ステージを「男

資生堂の考える「女性活躍の3ステージ」

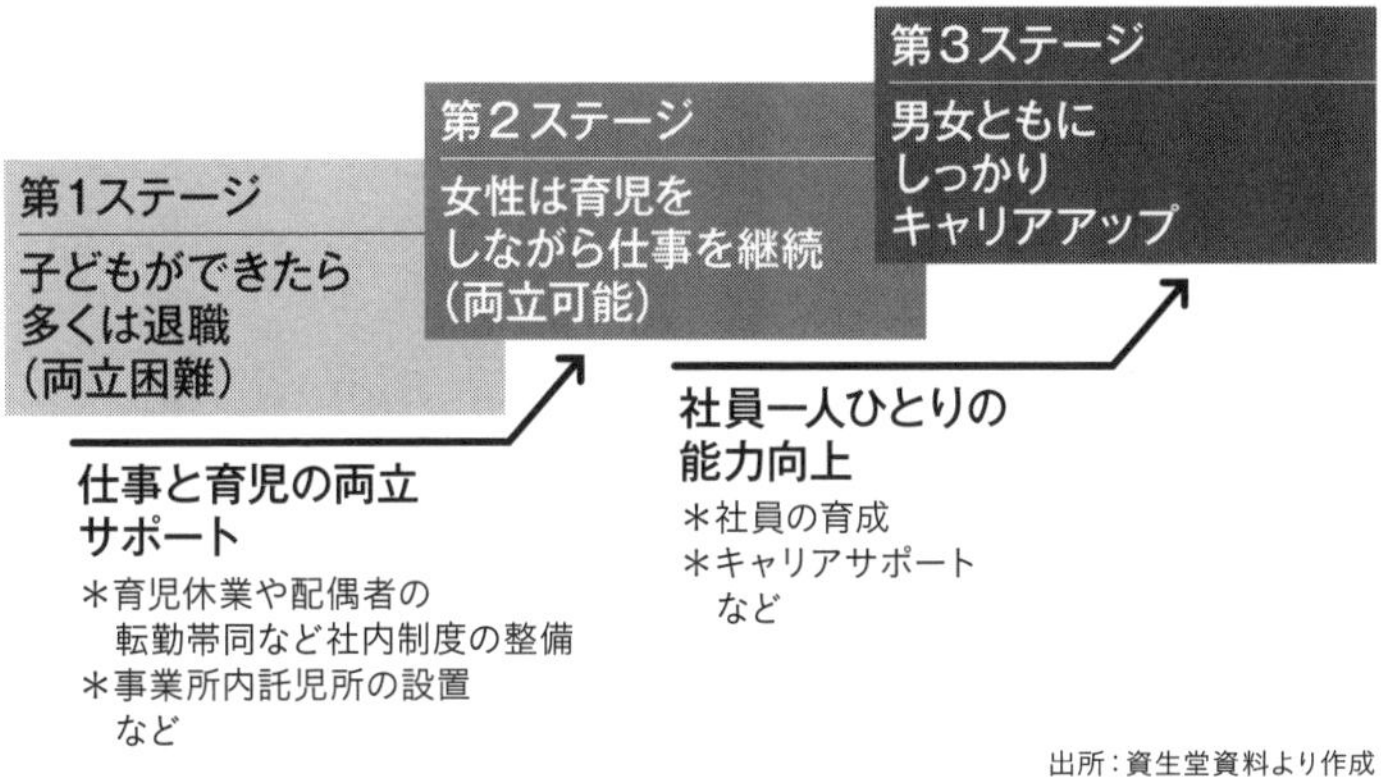

出所：資生堂資料より作成

女ともに子育て・介護などをしながらもしっかりキャリアアップでき、仕事で会社に貢献できる」状態と定義している。

働きがいを追求

この概念図の注目点は、第１ステージから第３ステージに向けて、各ステージの課題を人事施策などで解決しながらステージアップを図るという考え方だ。

資生堂のこれまでを振り返ってみる。１９９０年代に育児休業や育児時間制度を導入し、２０００年代には事業所内保育施設「カンガルーム」開設など子育て支援策を拡充してきた。その結果、出産・子育てを理由とした退職はほぼなくなり、この時期に女性活躍は第１ステージから第２ステージに上がった。そして今、第3ステージが始まっている。BCの働き方改革を説明するために会社が作成したDVDでも、この概念図を使って今回の改革の目的は「『働きやすい会社』から『働きがいを追求する会社』への進化」にあると強調している。

企業が女性活躍に取り組む理由はいくつもある。倫理的にみれば男女で処遇の差があるのは許されない。人権問題の1つとして男女均等の実現を目指すのもその1つ。あるいは男女雇用機会均等法や次世代育成支援対策推進法、女性活躍推進法など法制度が求めているから、法令遵守の立場から取り組む側面もあろう。また社会を構成する一員として正しい社会の実現に一役買おうと社会貢献活動（CSR）の一環ととらえる会社もある。

資生堂が女性活躍推進に積極的に取り組むのは、もちろんこうした要因も根底にあるのだが、もっと大きな理由は「女性活躍推進が経営を強くする」と考えているからだ。端的にいえばダイバーシティ（人材の多様化）経営の実現だ。多様な価値観を企業経営に反映することで多様化する顧客ニーズに応え、企業の継続的な成長に生かそうという考え方だ。各種制度が整って出産・子育てを理由に退職するBCはほぼいなくなった。ならば、このまま第2ステージにとどまるのではなく、次の第3ステージに向かう——働き方改革は予定通りの既定路線だ。

働き方改革はすでに2010年に

2015年秋にメディアの報道でBCの働き方改革がクローズアップされ、「女性にやさしい」資生堂が突然方針を転換したかのように喧伝された。でも実は本社や事業所に勤める女性総職についてはは2010年に働き方改革を迫っている。第2ステージから第3ステージへの移行はこのころから始まっていた。10年度に全女性社員を対象に「キャリアサポートフォーラム」を全国各地で開いた。そのすべての会場に当時の副社長・岩田喜美枝が出向いて「会社の子育て支援策はセーフティーネット。フル活用する権利を社員が持っているわけではない。仕事と子育てをどうすれば両立できるか。まずは自助努力でできることを考えて実行してほしい。どうしても自分たちで解決できないハードルがあったら、そのときは会社の制度を遠慮なく使って働き続けてほしい。でも会社に仕事で貢献する気持ちは忘れないでほしい」と語りかけている。

女性社員比率が高い資生堂は1990年代から子育て支援策の導入に積極的だった。特に2000年代の半ばに、もう一度すべての制度を再点検し、事業所内保育施設「カンガルーム」を新たに設け、育児時間など既存制度を拡充した。その結果、手厚い支援制度を最大限使い尽くそうとする風潮が社内で高まった。女性の力を経営に生かしたくとも育成も十分にできないケースが散見されるようになり、それが制度の使いすぎを戒めるメッセージにつながった。「キャリアサポートフォーラム」は功を奏し、女性総合職は子育て期も自身のキャリアアップや会社への貢献を意識するように変わった。いわば女性総合職は一足先に第３ステージへと移行していた。ＢＣの働き方改革は会社全体の第３ステージへの移行に相当する。

4 財務にみる働き方改革の効果

堅調な店頭売上

ＢＣの働き方改革から２０１６年春で2年を経過した。すでに会社の意図は職場に浸透し、育児時間を利用するＢＣも遅番や休日勤務に当たり前のように入っている。では会社の思惑通り、「働きがいを追求する会社」へ進化を遂げ、子育てをしながらも「会社に貢献できる状態」は実現しているのだろうか。直近の財務状況からその手がかりを探ってみよう。

資生堂は２０１５年度連結決算で売上高７６３１億円、営業利益３７７億円を計上した。前年比で売上高は12・6％増、営業利益は77・4％増と業績は上向いている（15年度から決算を従来の３月期から12月期に変更している）。地域別売上高は国内２９６９億円（前年比11・

業績への影響は？

2015年度決算（億円）	2015年度	2014年度（調整後）	前年比
売上高	7,631	6,775	12.6%
うち国内	2,969	2,659	11.7%
うち海外	4,662	4,116	13.3%
営業利益	377	212	77.4%
経常利益	376	228	64.8%
特別損失	53	163	▲67.4%

（今期から決算期を従来の3月期から12月期に変更。通期9カ月の変則決算）

国内店販化粧品市場および資生堂国内化粧品店頭売上

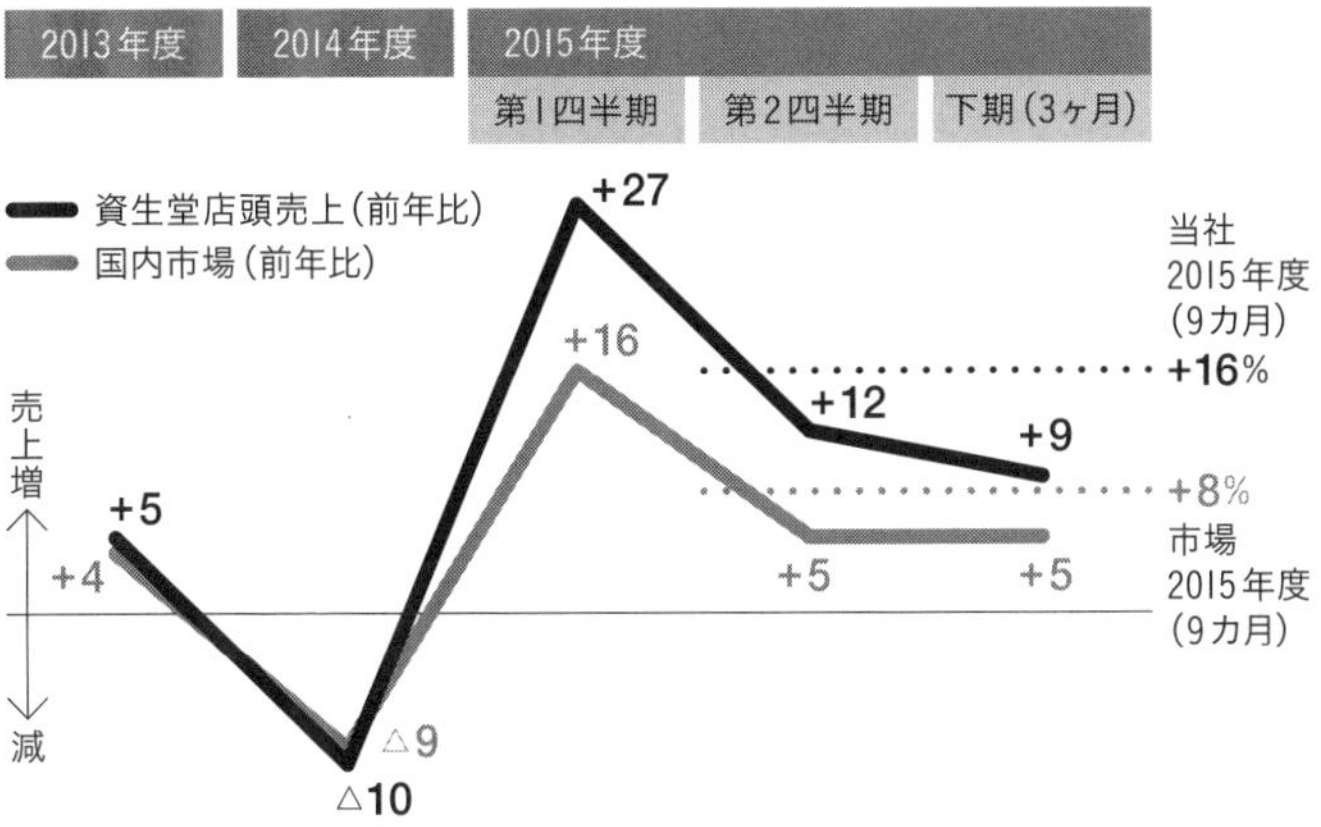

2015年度（4～12月）ブランド別売上高		店頭売上前年比	シェア前年差
カウンセリング化粧品（主にBCが関与）	SHISEIDO	+43%	↗
	クレド・ポー ボーテ	+36%	↗
	エリクシール	+14%	→
	マキアージュ	+15%	↗
セルフ化粧品	アクアレーベル	+5%	↘
	インテグレート	+7%	↘

出所：資生堂資料より作成

7％増)、海外4662億円(同13・3％増)と、売上比率は海外が国内を上回る。国内売上高から国内化粧品店頭売上を抜きだすと15年度(4～12月)は前年比(14年4月～12月)16％増と大きく伸びた。同時期の国内化粧品市場全体の伸び率(8％増)を上回る。これらはブランドイノベーション・マーケティング強化や新商品投入、インバウンド(外国人観光客の国内消費)などの様々な要因があるが、ＢＣの貢献が見逃せない。

化粧品は販売手法の違いで、カウンセリング化粧品とセルフ化粧品の2つに大別される。セルフ化粧品はその名が示すとおり、ドラッグストアやスーパーなどの陳列棚に誰でも商品が手に取れるように並んでいて、消費者は基本的に自分で選び、購入する。資生堂のブランドでいえば「アクアレーベル」や「インテグレート」などがセルフ化粧品に当たる。一方、カウンセリング化粧品は対面販売が原則だ。消費者は店頭のＢＣに肌の状態やメーキャップの希望などを相談しながら、自分に合った化粧品を購入する。資生堂ブランドでは「エリクシール」や「マキアージュ」などがその代表格だ。これらは主にデパートや化粧品専門店などのカウンターで扱っている。価格帯でざっくり分けると、セルフ化粧品は低価格帯、カウンセリング化粧品は中・高価格帯の商品となる。資生堂の15年度ブランド別売上動向をみると、「クレ・ド・ポーボーテ」や「マキアージュ」といったＢＣが対面販売するカウンセリング化粧品の売上が好調で市場シェアも伸ばした。

子育て中のBCにとっては働き方改革で育児環境の立て直しが求められ負担は増したかもしれないが、BC間の不公平感が解消され、個々のモチベーションアップや職場の活性化につながり、売上が伸びた店舗が目立つ。こうした積み重ねが資生堂の好決算を支えている。

先進企業がみる風景

日本は今、人口動態的に難しい局面を迎えている。少子化に歯止めがかからず、2014年の合計特殊出生率（1人の女性が一生の間に産むと推定される子どもの数）は1・42。人口維持に必要な2・07を大きく下回る。急速な少子高齢化は社会保障制度の根幹を揺るがし、国を挙げて少子化対策に取り組まなくてはいけない。企業が果たすべき役割も大きい。

日本企業では2000年代に子育て支援が先行して広がった。人口減少社会の到来を間近に控え、少子化対策の視点から両立支援の拡充が重要視されたからだ。2005年施行の次世代育成支援対策推進法は企業に子育て支援策の拡充を求め、行動計画づくりを義務づけた。その結果、育児休業取得者は増え、大手企業を中心に仕事と子育てが両立できる環境が整った。

半面、女性の活躍は企業のなかで思うように広がっていない。仕事と家庭の両立をしやすくし、就業継続が可能になれば女性は自然と活躍してくれる……そう考える企業経営者や人事担当者は今も多い。だが現実はそれほど簡単ではなかった。子育てしながら働く女性が増えた結果、逆に「配慮が必要で使いづらい」「仕事より子育てを優先する傾向が強い」などむしろマイナス効果を嘆く声も聞こえる。

資生堂の第3ステージ概念図を借りて説明すると、第1ステージから第2ステージへの移行は実は難しくない。労力とコストをかけて子育て支援策を整備すれば容易にステージアップする。難しいのはその先だ。女性が企業業績に思うように貢献してくれないからと子育て支援策の運用を見直し、制度を使いにくくすれば退社が増え、第1ステージに逆戻りする。仕事と子育てが両立しやすい環境を維持しつつ、働く女性の意識をどう高めて、会社への貢献を引き出すか。日本企業は解決策をまだ見いだしていない。

女性活躍で先頭を走る資生堂は他社よりも一足早く第3ステージへの移行を模索し始めた。その取り組みは唯一の解決策ではないだろうし、ひょっとすると誤った取り組みであるかもしれない。ただその創意工夫の検証は後に続く企業が解決の糸口を探す有効なヒントになるだろう。

第1章

子育てを聖域にしない

子育てを理由に早番にしか入っていなかったビューティーコンサルタント（ＢＣ）も２０１４年４月から遅番や休日勤務をするようになった。家庭環境や利用可能な保育サービスなど個別状況を加味したので、その回数は一人ひとりで異なる。月１回程度から通常勤務者とほぼ同日数までと千差万別。親の介護や子どもの病気など特段の配慮すべき理由がある者を除き、対象１２００人中98％は会社の要請を受け入れて働き方を見直した。

誤解や混乱が生じないように人事部は前年春から水面下で社内調整を進めていた。当事者とその上司、さらに労働組合を巻き込んで慎重に移行に備えた。

特に重要な役割を果たしたのは各事業所の営業部長だ。育児時間を使っているＢＣと面談を実施し、会社の考え方への理解を訴え、家庭などの子育て状況を聞き取りながら、実際にどのくらいの頻度で遅番・休日シフトに入れるかを本人の同意の下で調整した。

1　２０１３年春、人事部が動く

事前に管理職を招集

「会社の説明を最初に聞いたとき『本当に運用できるのか？』と半信半疑だった」。資生堂ジャパン中部支社営業部長の木下靖仁は振り返る。

２０１３年9～10月に会社は営業部長を密かに集めて研修を開いた。当事者への説明はその1カ月後。まずは会社の方針、働き方改革の狙いを、ＢＣと日常的に接点がある営業部長に徹底するためだ。対象は、管轄店舗に1人でも育児時間を使っているＢＣがいる営業部長ら５００人。北海道から沖縄まで全国12カ所を本社の人事部担当者らが巡回し、各会場半日かけて会社の考え方や面談の進め方を丁寧に説明した。

木下は名古屋会場の研修に参加し、そのときに初めて会社の方針を聞いた。愛知県内の化粧品専門店など約80店舗を担当し、このうち12店舗でＢＣが対面販売を担っている。部下のＢＣは全部で35人。その３割が育児時間を使い、全員が早番に入っていた。

「育児時間を使うＢＣは早番に入れる。本人も営業部長も、そのほかのＢＣもそれが当たり前だと思っていた。『育児時間＝早番』じゃないなんて、研修で初めて知った」と打ち明ける。

勤務シフトは木下が組む。３割が早番固定だと、特定の人にどうしても遅番が集中する。その代わり遅番比率が高いＢＣは、休日の希望を優先して聞くなど不平・不満が高まらないように苦心した。育児時間を使うＢＣも遅番に入るようになればＢＣ間の負担は平準化できる。それは朗報だが、子育て中のＢＣが早番勤務を活用して、子どもを朝夕保育園に送迎していることも知っていた。「会社の狙いはよく分かる。だけど個別BCとどんな調整になるのかが想像できなかった」

当時会社全体で育児時間を使うBCは1割に上っていた。10人に1人程度なら、残りの9人でカバーできそうにも思える。だが現場の実感は数字以上に大変だった。育児時間を取るBCが働ける店舗は限られていたからだ。デパートや化粧品専門店、ドラッグストア、GMS（総合スーパー）などBCの勤務先は規模が様々だ。1人しか派遣していない店舗もあればデパートのように50人以上が在籍する売り場もある。

木下は「複数のBCが働く店舗でなければ不在を同僚がカバーできない。小規模な店舗に勤務するBCが出産し、育児時間の利用を希望した場合、復職時に中・大規模な店舗に配置転換して対応していた」と説明する。取引先の店頭で働くといったBCならではの就労環境も影響した。営業担当は取引先との関係も大切だ。通常よりも勤務時間が短ければその分、店頭販売が減るリスクがある。もともと働いていた職場に戻すために取引先と交渉するよりも、所属人数が多い分、取引先が資生堂に職場マネジメントの裁量をある程度認めているデパートやGMSに配置転換する方が営業担当は気を遣わなくてすむ。

その結果、育児時間を使うBCは特定店舗に集中し、いる店舗といない店舗の二極化が進んだ。いる店舗でも利用者が単独ではなく2～3人に上るケースが増えて、現場の負担感は「1割」という数字の印象以上に重かった。

発案者の責任

人事部は2013年春に動き出していた。国内の各事業部門が人事・労務管理に関する懸案・課題を洗い出し、人事部に改善を求める仕組みがある。この年、国内化粧品事業部が作成した要望項目に「育児時間取得者の急増による店頭での夕刻時のお客さまサービス低下について」があった。人事部の本多由紀（現資生堂ジャパン人事部長）がそれに目を留めた。本多はこの年初めて事業部門との窓口担当になった。国内化粧品事業部門は、ほかにも重点課題を挙げていた。ただ本多には、この問題を放っておけない個人的な思いがあった。

BCの育児時間利用者が急増した背景に「カンガルースタッフ制度」がある。育児時間を取得するBCの代替要員を店舗に派遣する仕組みだ。この制度を発案し、2007年に導入した当事者が本多だった。その後に配置転換や自らの出産・育児休業などがあり、担当を外れていた。その間に営業現場に不協和音が広がっていることは聞いていた。「再び担当できる機会が巡ってきて、自分が収束させなくてはいけない」と考えた。

「育児時間」制度は1991年から続く古い制度だ。改正育児・介護休業法が企業に短時間勤務制度の導入を義務づける約20年も前のことだ。子どもが小学校3年生終了まで1日の勤務時間を最大2時間短縮できる（導入当初は子どもが3歳になるまで。その後、対象を順次拡充）。資生堂の勤務時間は1日7時間45分だから、この制度を使えば子育て中は最短1日5時間45分働けばよい。

子どもが幼い時期はどうしても手がかかる。産前産後休業・育児休業から復帰して、すぐにフルタイム勤務では両立のハードルが高い。復職後も子育てが一段落するまで仕事の負担を軽くすれば、子育てしながら仕事も続けられる。そのための工夫が「育児時間」制度だ。会社にとっても採用後にコストをかけて育ててきた社員に辞められずにすむメリットがあった。

カンガルースタッフ配置で利用者急増

制度導入後、会社の思惑通りに出産・子育てを理由にした退職は減った。出産後に職場復帰した女性社員の多くが育児時間の利用を申請し、子育てしながら働いた。ただBCは例外だった。店頭で対面販売を担うBCが勤務時間を短縮すれば、その時間は売り場に欠員が生じ、売上に直接響く。就業時間内の仕事や時間の配分をある程度自分でやりくりできる本社・支社な

資生堂の育児制度利用者の推移

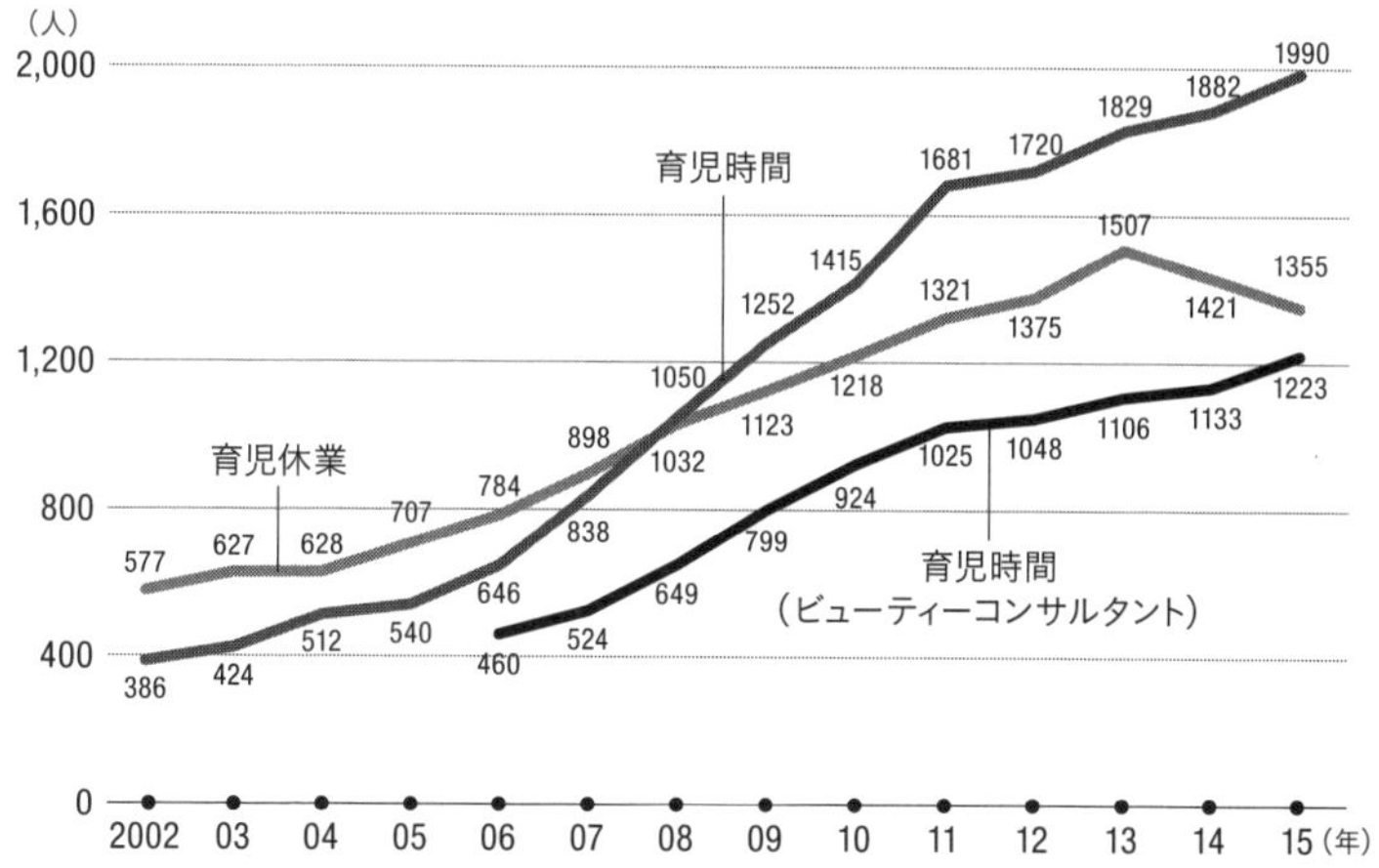

出所：資生堂資料より作成

どのオフィスワークとは仕事の質が違った。同僚や職場に遠慮して、ほとんどのＢＣは子育て中であっても育児時間の利用を控えた。

仕事と子育ての両立の壁に直面し、退職するＢＣが後を絶たなかった。同じ社員でありながら、制度の利用のしやすさに格差があるのは好ましくない。２００５年に社長に就任した前田新造がトップダウンで改善を指示し、それを受けて本多が「カンガルースタッフ」制度を立案・導入した。ＢＣが育児時間を取る場合、代替要員として「カンガルースタッフ」というパート・アルバイトを店頭に配置する仕組みだ。これで同僚や職場への気兼ねがなくなり、年間２００人程度だったＢＣの育児時間利用者は「カンガルースタッフ」導入直後に年間５００人へと急増。その後も利用者は右肩上がりで増えて、2010年代に入ると全BC1万人のおよそ1割が育児時間を利用するようになっていた。全国で雇用するカンガルースタッフも1600人を超えた。「BCも育児時間を取れるように」という初期目標は達成した。

「子持ちは使えない」なんて言わせない

本多は人事部門などで約10年、女性活躍関連施策に携わっている。カンガルースタッフ制度には特段の思い入れがある。それは自らの仕事と育児の両立体験が影響している。

1989年に総合職として入社した。この年、資生堂は総合職に初めて女性を採用した。いわば女性活躍第1期生として社内キャリアを積んできた。総合職採用の社員は最初に全国の販売拠点で営業経験を積む。本多も入社後に大阪や九州の営業部門に配属された。デパートや化粧品専門店など得意先を回り、化粧品の販売促進に努めた。店頭で働くBCとは当時から接点がある。

営業担当にとってBCは販売を支える重要な戦力。その善し悪しは営業成績に跳ね返る。育児時間制度を会社が1991年に新設すると、本多が担当するエリアにも育児時間を取るBCが出始めた。ただそんなBCを当時独身の本多は冷ややかにみていた。店舗で客足が増えるのは午後5時以降。その前に退店されると大きな戦力ダウンだ。どのBCをどの店舗に配置するかは事業所の営業部長が決める。「私のチームに来られたら困る」と思いながら、渋々受け入れていた。

営業を12年担当した後、東京本社に異動。結婚して2002年に第一子を産んだ。04年4月に育児休業から復帰した。このときに初めて仕事と子育ての両立の壁に直面する。夫は仕事が忙しく、家事・育児に時間を割けない。実家は遠く、両親の助けも期待できない。仕事と子育てを両立するために、育児休業から復帰するときに育児時間を選択した。

「早く帰れるから仕事はハードじゃないだろう」。そんな甘い期待は復帰してすぐに吹き飛んだ。同僚よりも2時間早く帰るためには手際よく働かないと仕事が終わらない。職場で雑談に興じている余裕もない。子どもがいつ熱を出して会社を休むかも分からない。常に万一の事態に備えて仕事の段取りを整えた。「子育て期は最短距離でゴールを目指さないと仕事は回せない。効率的に働くタイムマネジメントとリスクマネジメントの能力が育児時間中にぐっと高まった」。子育て期だからこそ培われる仕事の能力があると、この時期に悟った。かつて育児時間を取るBCを〝戦力外〟と否定的にみていた自分を悔いた。

「『子持ちは使えない』なんて言わせないプロジェクト」。前田から改善策の検討を指示されたとき、このミッションに密かにキャッチフレーズを付けて、仲間内で使った。情熱を傾けてつくったカンガルースタッフ制度。その制度の限界を感じるとともに、社内でいまだに「やっぱり子育て中の女性はダメだ」と言われるのは悔しい。育児時間を取るBCの急増にどう対処するか。本多は国内化粧品事業部門の責任者の了解を得て、人事部内にプロジェクトチームを立ち上げた。

2 短時間勤務者のマネジメント

仕事の配分と評価に上司は悩む

短時間勤務制度は育児期の仕事の負担を軽減するので、子育てしながら働きやすくなる利点がある。日本では女性の約6割は第1子出産をきっかけに仕事を辞める。家事・育児に専念したくて自ら退職を望む女性もいるが、大半は仕事と子育てを両立できそうにないからと、やむを得ず退職する。それは本人にとって不幸なだけでなく、社会や企業にとっても損失だ。日本全体で考えれば人材の有効利用が図れないことであり、企業にとっては育成コストをかけてせっかく育ててきた人材を失うことになる。2010年に育児・介護休業法を改正し、国が短時間勤務制度を義務化したのには、こうした問題を解決する狙いがあった。

企業からみても、短時間勤務制度には女性社員の就労継続をしやすくし、勤労意欲の向上に役立つといったメリットが望める。その一方で各職場の管理職は仕事の配分や評価など新たな悩みを抱えた。短時間勤務者が出たとしても、部署全体の仕事量は通常減らない。だからといってフルタイム勤務者と同等の業務を短時間勤務者に割り振っては過剰労働になりかねない。一般的には就労時間の短縮に応じて業務量・責任を軽減し、その分の仕事を同僚がカバーする。誰にどう仕事を配分し、その成果をどう評価するか。部署に1人の短時間勤務者が出るだけでその影響は全体に広がる。管理職のマネジメント能力が問われる場面だ。

資生堂の事例は、こうした個別の職場の課題は代替要員を配置しても解決できないことを示している。社員が担う仕事には量と質の2つの側面がある。代替要員は、短時間勤務者の不在の時間帯を埋める量的対処はしやすいが、責任や判断を伴う仕事の質的な代わりは難しい。

改めてBCの就労環境を確認しておこう。資生堂は全国で2万4000人の社員を雇用している。このうち1万人がBCだ。デパートの化粧品売り場で顧客にスキンケアや化粧を施している女性店員の姿を見たことがあるだろう。彼女たちがBCだ。大きなデパートなどでは資生堂やカネボウ化粧品、コーセーなどメーカーごとに売り場を構成している。デパート店内で働いているが、彼女たちはデパートの社員ではない。各化粧品メーカーに雇われ、売り場に派遣されている。

昨今はコンビニエンスストアやネットなどでも化粧品は手軽に購入できる。ただ化粧品は付加価値型の商品だ。1つのメーカーであっても複数のブランドがあり、種類や色が豊富で、肌の状態や顔色など一人ひとりの状況、希望に沿う商品選びは案外難しい。購入者は専門家の適切なアドバイスがほしい。そこで各社は化粧・美容の専門知識と自社商品に詳しい美容部員を売り場に派遣し、顧客の相談に乗りながら、ニーズに合った化粧品選びを手伝っている。特に中・高価格帯の化粧品はカウンセリングが重要で今も対面販売が基本だ。

独身者に遅番集中

デパートは派遣先の一例で、ほかにもGMSや街中の化粧品専門店、一部のドラッグストアなどでも働いている。

通常こうした売り場は平日夜や土曜・日曜も営業している。オフィスワークのように9〜17時で終わらない。開店直後から働く早番や、夕方・夜間に働く遅番、休日勤務など複数の勤務パターンがあり、原則社員間で負担が偏らないように勤務シフトを組んで働いている。同じ売り場で働くＢＣの人数は、店舗面積や営業時間、販売額などによって異なる。資生堂の場合、デパートなどの大型店舗では30〜40人が１つの職場に所属するケースもある。ただこれほど大規模な職場は多くなく、一般的には５人以下の職場が多数を占める。育児時間利用者が少ないうちは大規模な職場に配置転換するなど、ＢＣ間の負担が偏らないように調整できた。だが利用者が増えると、勤務シフトは組みづらくなる。子どもがいるＢＣを早番に優先して入れる結果、独身者などほかのＢＣに遅番や休日勤務が集中する傾向が強まった。

カンガルースタッフは勤務シフトの不均衡を改善する目的で導入された。確かに人員上は売り場の穴埋めができるようになったが、代替要員では補えない仕事が現場にはあり、同僚の負担軽減にも限界があった。

資生堂の採用ホームページによると、カンガルースタッフは顧客対応や商品の陳列、手入れ用ツールの清掃など後方業務を担う。勤務時間は１人当たり週20時間未満・月50時間未満に限定し、主に主婦や学生によるパート・アルバイトだ。雇用契約前に約１００時間の教育を受けて、接客マナーや美容に関する基礎知識、スキンケア・メーキャップを中心としたスキルを身につける。その後に正式採用となり、店頭に立つ。事前教育で顧客の買い物を手伝えるレベルに達していないと会社が判断した場合は採用を見送ることもあるという。なかには美容部員経験のあるカンガルースタッフもいて、職場の強力な戦力にもなっている。ただ全体的にみれば、接客技術や専門知識などは経験豊富な本職ＢＣにかなわない部分もある。それに主婦や学生は家庭や学業が優先だ。売り場の都合だけで勤務シフトは組めない。

カンガルースタッフとＢＣに力の差があることは会社の承知の上だ。現場に立つカンガルースタッフは自分が代替要員であることを示すネームプレートを胸に付けて、来店者に知らせている。それを見て、ワーキングマザーを応援しようとする会社の姿勢に理解を示す顧客もいる。ただ顧客の多くは自分に合った化粧品を選んでほしくて店に来る。相手がＢＣでもカンガルースタッフでも関係なく、求めるのは適切な助言ときめ細かな接客だ。カンガルースタッフにもＢＣと同レベルのサービスを期待し、かなわなければクレームにつながる。それが店舗全体の売上に響いた。

3 3人の精鋭チーム

ワーキングマザーの先輩として

本多はプロジェクトチームに人事部内から2人のメンバーを選んだ。ＢＣ出身の松本聖子、そして労働組合との窓口を務めていた上野芳裕だ。松本にはBCをよく知る立場からアイデアを出してもらい、上野には労働組合の協力を得るための調整役に加えて、人事部に異動してくる直前まで営業部長を務めていた経験に期待した。会社全体の女性活躍戦略と仕組みを熟知する本多と合わせて、三者三様の強みを持っていた。

松本は現在美容統括部長を務めている。1981年に資生堂に入社。福岡県久留米市でBCのキャリアをスタートした。1996年に出産し、育児休業を1年取得。復帰後は福岡市内のデパートの売り場に入った。子育てしながらBCを続けてきたワーキングマザーだ。子どもが生まれたとき、すでに育児時間制度はあったものの、利用していない。当時は育児時間を利用するBCはほとんどなく、利用を申請できる雰囲気ではなかった。復帰直後からフルタイム勤務。自宅から職場まで片道1時間半かかり、朝7時に家を出て夜8時に帰宅した。朝は会社員の夫が保育園に子どもを送り、夕方は定年退職していた実家の父に迎えを頼んだ。子どもと過ごす時間は朝晩各1時間、1日2時間程度しかない。それでも仕事を辞めようとは思わなかった。キャリア志向が強かったわけでもない。子どもはかわいいし、仕事と育児を両立している時期も、仕事よりも子どもを最優先に考えていた。ただ仕事にも面白さとやりがいを感じていた。

「店頭で働いていると『今日、松本さんはいる？』とお客さまがわざわざ私を訪ねてくる。誰かが自分を必要としてくれている。それが仕事のやりがい。仕事と育児の両立は思った以上に大変だが、それは一時的なこと。長い人生を考えれば育児を理由に仕事を辞めるなんてもったいない」。ワーキングマザーの先輩として、自分の経験を後輩たちに伝えたい。そんな思いを胸にプロジェクトチームに加わった。

上野にも、働き方改革に情熱を傾ける理由があった。1988年に入社。1998〜2007年の10年間、資生堂労働組合に出向し、会社員人生の約4割を組合専従で過ごした。人事部労組担当を務めていたのも、労組と太いパイプがあったからだ。先述の女性活躍3ステージ概念図に当てはめると、上野が組合に所属していた時期は第1ステージから第2ステージへの移行期。どうすれば仕事と子育てが両立しやすくなるのか。組合員の要望を聞き、会社にいくつもの改善を求めた。カンガルースタッフ制度をはじめ、様々な両立支援策が整っていくのを組合側から見守っていた。組合から戻ると、現場の営業部長に就任。今度は管理職として会社の両立支援策をみた。労使双方の立場を経験し、制度のメリット・デメリットがよく分かった。どうすれば制度がよりよく運用され、社員は働きやすくなり、仕事に打ち込めるか。それは上野のライフワークになっていた。

下方修正は回避

国内化粧品事業部門も人事部に対策を依頼する前に独自に検討したことがある。そのとき2つの案が俎上に上った。

1つはカンガルースタッフを正規雇用に切り替えること。パート・アルバイトではなく、継続的に働き続ける人材を雇って育成・教育を強化して、戦力化しようという考えだ。ただネックは雇用コストの増大だ。カンガルースタッフの人件費はBCが本来フルタイム勤務したときに払うべき給与との差額を充てている。育児時間中は、働いていない時間に報酬は払わないとする「ノーワークノーペイ」が原則。勤務を2時間短縮すれば2時間分の給与が浮く。これでカンガルースタッフの人件費をまかなっている。実際にはカンガルースタッフの教育・研修費が別途かかるので運用コストはゼロではないが、その経費は大きくない。カンガルースタッフの時給は1200~1550円、週の勤務時間は20時間未満なので原則社会保険は非適用なので雇用主である資生堂に社会保険料コストも生じない。ただ、もし正規雇用に切り替えたら、人件費負担は膨らむ。2007年に経営側が制度導入を認めた理由はコスト負担が軽微であったことだ。雇用コストが増える対策は取りにくい。

第2案は育児時間制度の下方改定だった。現制度は子どもが小学校3年生終了まで育児時間を取れる。利用可能期間を、子どもが小学校入学までに短縮すれば対象者が絞られ、利用者は自然と減る。だが制度の下方改定もハードルが高い。社員や労働組合が自分たちに不利益となる改定を簡単に受け入れるはずはない。

通常企業は福利厚生や労務条件を下方改定するときは、何らかの上方改定をセットで提案し、発生する不利益と利益の相殺を試みる。ただ資生堂は2000年代に手厚い子育て支援策を相次ぎ導入し、ほぼフルスペックの支援策が整っていた。子育て社員がさらに恩恵を受ける新施策は見当たらない。なによりも社会の趨勢は女性活躍や少子化対策を推進する方向にある。下方改定を実行したら、会社への社会的な批判の高まりも予想できる。結局、いずれの案も実現しなかった。

決定権は会社にある

職場の状況をヒアリングし、本多は早い段階で問題の本質に気付いていた。それは「育児時間=早番」の固定化だ。利用者の急増はあったものの、育児時間利用者は早番に入るという暗黙のルールが当事者や管理職、同僚らにいつの間にか醸成され、運用が硬直的になっていた。

人事規定を改めて見直すと育児時間について「取得中の始業、終業時刻は社員の事情を配慮しながら会社が決定」すると明記している。子育て中の女性の事情や希望は聞くが、必ず早番に入れるとも休日勤務を免除するとも書いていない。

そもそもBCは変形労働制度で働いている。デパートやGMS、化粧品専門店など小売り現場は平日9～17時の勤務形態にそぐわない。取引先の営業日・営業時間は雇用シフトを決める重要な要素で、それを了承して仕事に就いている。遅番や休日勤務は避けられないと、BCも分かっているはずだ。

確かに保育園の都合上、早番固定で休日勤務も免除されていれば助かる。平日夜に子どもを預かる夜間・延長保育や、休日保育を実施している園がほとんどない。平日昼間に子どもを預け、朝夕送迎するには早番が好ましい。その意味では子育て中のBCは公的保育サービス不足の被害者でもある。

ただ原理原則に立ち戻れば早番固定はあくまでも会社の配慮に基づく対応で、働く側が持つ権利ではない。同僚BCらがカバーできているうちはよかったが、育児時間を利用するBCが増えてそれも限界に近づいた以上、いつまで特例的な配慮は続けられない。個別事情に配慮はするものの、「育児時間＝早番」という拡大解釈を修正しようと本多は考えた。

短時間勤務者の始業・終業時刻は会社が決める――考えてみれば当たり前のルールだが、資生堂に限らず、それがなかなか徹底できていない企業も多い。

1つは法制度への誤解がある。育児・介護休業法は、子育て中の社員が短時間勤務の取得を希望したとき、それに応える義務が会社にあると定めている。ただし就業時間内でいつ取るかについては詳細に定めていない。各職場に固有の事情があり、子育て中の社員の希望に応えられないケースもありうると法制度は認めている。「会社は応える義務がある」とする文言だけが一人歩きし、取得する側の希望を最優先しなければいけないといった誤った認識が広がった。もちろん深夜帯以外の取得は認めないといった社会通念上、許されない運用は処罰対象となりうる。ただ会社に決定権があるとする資生堂の人事規定は法制度上も問題はない。

早番の固定化は管理職側の問題でもあった。本来ならBCが職場復帰する際に、子育て環境やキャリア希望などを丁寧に聞き、会社のどの制度をどう使って仕事と子育ての両立を図るのか、管理職が相談に乗ることが理想的だ。だがほとんどの管理職はBCが育児制度の利用を申請してくると、それをそのまま受け取り、本人の意向を確認することなく、早番シフトにだけ入れた。それでは育児時間勤務者の増加に早々に対応しきれなくなる。

本多も松本もワーキングマザーだ。自分たちの経験を振り返ってみると、職場のきめ細やかな配慮がないと両立が難しい時期もあるが、常時手厚い支援は必要ないと考えていた。

子の成長と「働く親の保育・養育の困難度」

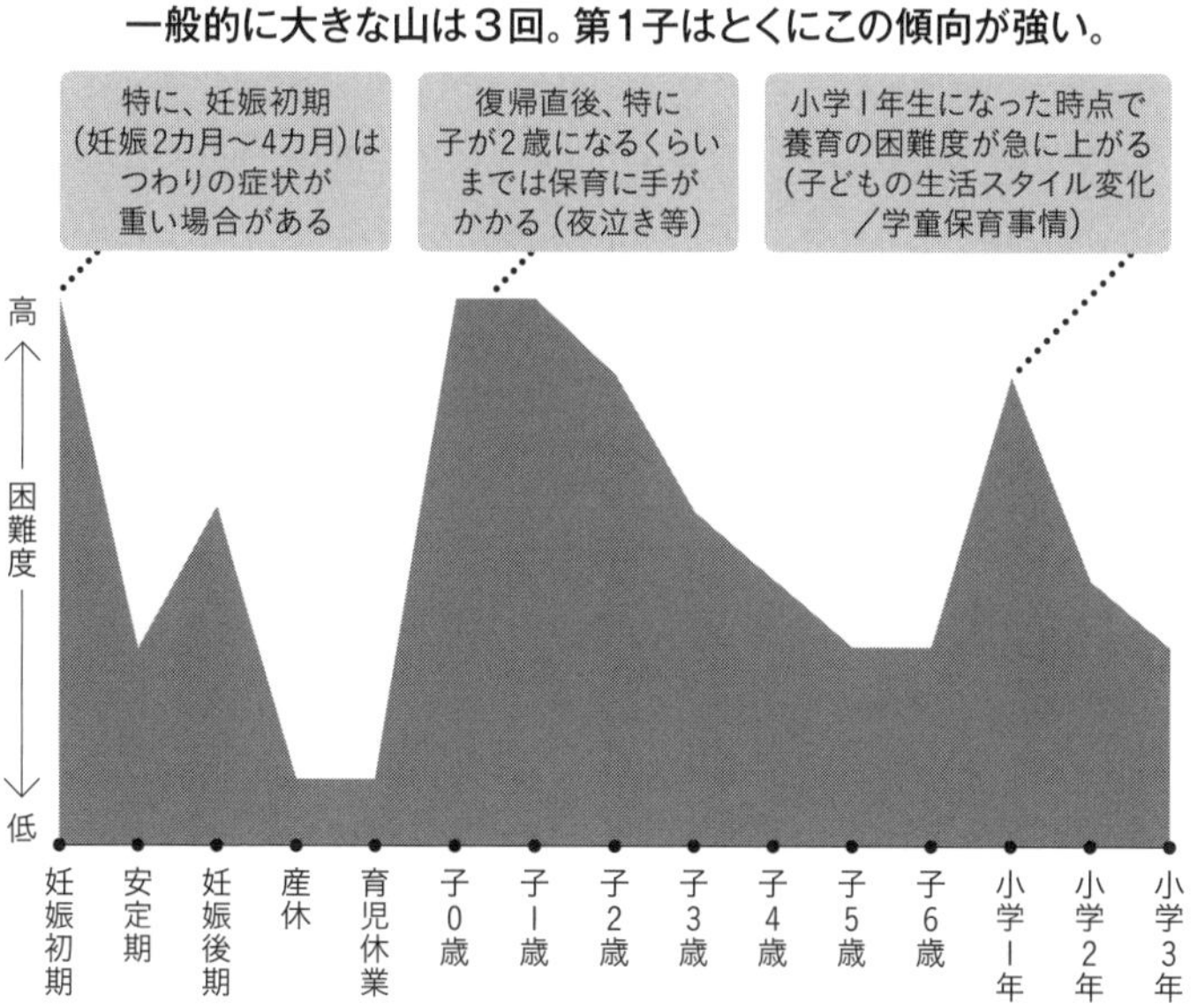

一般的に大きな山は3回。第1子はとくにこの傾向が強い。

出所：資生堂資料より作成

例えば2人が考える両立困難期は3つあった。最初はつわりがひどくなる「妊娠2～4カ月」のころ。次は子どもが夜泣きなどをする「職場復帰から2歳になるまで」。そして子どもの生活スタイルが大きく変化する「小学校入学直後」だ。この時期は職場のサポートが不可欠だ。ただそれ以外の時期は、子どもが急病になって保育園に呼び出されるような突発的なトラブルは起こるものの、自助努力である程度は乗り切れる。

家庭状況によっても事情は異なる。松本は実家の両親の助けを借りられたので夕方以降も働けた。本多と松本は自分たちの経験を基に、子育ての負担感が子どもの月齢・年齢に応じて、どう変わるのかをグラフで描き、管理職やBCの理解を深めるツールとして使った。

休日勤務を管理職が自動的に免除しているBCのなかには、夫が土曜・日曜・祝日は休みで子どもの世話を任せられるケースがあるかもしれない。数は少ないとはいえ、BCが子どもを預けている保育園が夜間・休日保育を提供している可能性もある。ベビーシッターなどほかの保育サービスが自宅近辺にあるかもしれない。様々な可能性がありうるのに、管理職はそこに目を向けていなかった。

管理職のコミュニケーション不足

個別のコミュニケーションが希薄になった理由はいくつかある。1つは申請手順の変更だ。以前は育児時間をはじめとする子育て支援制度は紙の書類を介して利用申請していた。近年オンラインなどで簡略に申請できる仕組みを導入した。手続きの煩わしさは軽減したが、申請者と管理職が直接相対する必要がなくなった。BCはデパートや化粧品専門店などの店頭で働き、管理職は地域の営業拠点オフィスに席がある。職場が物理的に離れていて日常的な接点がただでさえ限られているのに、さらにコミュニケーション機会が減った。

もう一つは管理職がマタニティーハラスメントを避けようと、過剰反応していることだ。男女雇用機会均等法は妊娠・出産・育児休業などを理由とする解雇や雇い止め、降格などの不利益取り扱いを禁じている。ただ不利益取り扱いの範疇は広く、厚生労働省は「不利益な配置変更」や「雑務をさせるなど就業環境を害する行為」もその例に挙げている。よほど法令に詳しくないと、どんな質問や働きかけがマタハラと認定されるかが個人では判断しづらい。業務上、必要な範囲で子育て状況を聞く程度は問題ないのだが、リスク回避のためには何も聞かない方が安全だ。結果的に当事者の申請をそのまま受け取りがちになっていた。

子育て中のＢＣは制度利用があたかも権利であるかのように振る舞い、管理職はトラブルを嫌って深入りを避ける。「要は職場の一人ひとりのモラールの問題。制度利用者とその上司の双方の職場に対する責任感が希薄になっていた」と本多は説明する。

改善策として本多が立てた基本戦略は極めてシンプルだ。それは①「育児時間＝早番」の固定観念から脱し、遅番・休日シフトにも入ってもらう、②子育て中だからと無条件に一律な配慮をせず、個々の状況を見極めてジャストフィットの配慮をする——の２点。制度を下方改定しなくても、カンガルースタッフを正規雇用に切り替えなくても、運用の見直しで問題は解決できると踏んだ。

ライフコースの多様性が、職場の不公平感につながる

子育て中の社員への配慮と職場内の公平性をどう取るかは、どの企業にとっても難しい問題だ。

子どもが幼いときは家事・育児負担は重くなる。仕事の負担を軽くしないと仕事と子育ての両立は難しい。もし配慮が足りないと両立の壁に直面し、仕事を辞める女性が増える。仕事にやりがい、おもしろさを感じているならば出産をあきらめてしまうかもしれない。仕事か出産の二者択一を求められる就業環境では少子化に歯止めがかからない。社員に対する子育て支援はＣＳＲ（企業の社会的責任）の観点からも企業に求められている。

ただ、子育て社員ばかりが厚遇される職場環境では同僚らの不満が高まる。育児休業中や短時間勤務中は「ノーワークノーペイ」が原則だから、給与面では公平だ。ただ与えられる仕事の重さや難しさ、人事評価、昇進・昇格なども職場内で自分が公平に扱われているか否かを判断する重要な要素だ。ノーワークノーペイの原則だけでは社員は納得しない。

「組織内公正」は経営学でも重要な研究テーマになっている。自分が公平に（あるいは正当に）

扱われていないと感じると、組織への所属意識が薄れてやる気が失われたり生産性が落ちたりする。最悪の場合、退職や職場への敵対的行動に出ることもある。逆に自分がいる職場が公平だと感じられると、職場に貢献する意識が高まり、業績にプラス効果が望める。

どんな状況を公平・正当と感じるかは時代や社会の価値観とも関連する。一昔前ならば多くの社員が結婚し、出産した。結果的に結婚・出産をしなかったにしても、ほとんどの若い社員は結婚・出産を視野に入れて人生を設計していた。「いずれ自分も配慮してもらう側になる」。そう考えることで子育て社員への手厚い配慮にも不公平を感じにくくさせていた。

だが今は生涯未婚率が高まっているほか、結婚しても子どもを持たない夫婦も増えており、結婚・出産は誰にとっても当たり前の人生設計ではなくなった。ライフコースが多様になった結果、職場内の不公平感は高まりやすくなっている。

企業も変化に気付いている。２０００年代半ばから使われるようになった「ワーク・ライフ・バランス（仕事と生活の調和）」などはその表れだ。以前は「ワーク・ファミリー・バランス」や「ファミリーフレンドリー」といった言葉が使われ、企業は子育て支援を念頭に置いていた。一方、ワーク・ライフ・バランスの「ライフ」は子育ても含む広い概念で、介護や趣味、自己研鑽、地域活動など仕事以外の活動をほぼ網羅する。子育て支援ばかりに偏らず、リフレッシュ休暇制度や、大学・大学院で学び直すための休職制度、有給休暇の取得促進など社員の私生活の充実に資するワーク・ライフ・バランス施策を導入・運営することも、不公平感の緩和には有効な手立てだ。

勤務シフトの均等割は段階的に導入

育児時間を使うBCも遅番や休日勤務に入ってもらうと方針は固めたものの、プロジェクトチームも配慮と公平性の線引きに悩んだ。

BCの仕事は出勤時間帯や曜日によって忙しさや仕事の負担は大きく違う。育児時間を使っているか否かにかかわらず、フルタイム勤務者と同数にする案も考えた。例えば月に延べ20人分の休日勤務が必要な売り場で、所属BCが4人であれば子どもがいてもいなくても1人当たり月5回の休日勤務に入るといった具合だ。遅番や休日勤務の回数は同じでも、1日の就業時間はフルタイム勤務者よりも短いのだから、子育てに配慮しているといえなくもない。

だが経営サイドが反対した。一人ひとりの状況も加味せずに、一律に負担を課しては両立できない人もいるという判断だ。ただプロジェクトチームは営業部長と当事者に勤務シフトの均等割が本来のあるべき姿であることを示すことにした。そこをスタートラインにして個々の子

子育て中の働き方 4ステップ

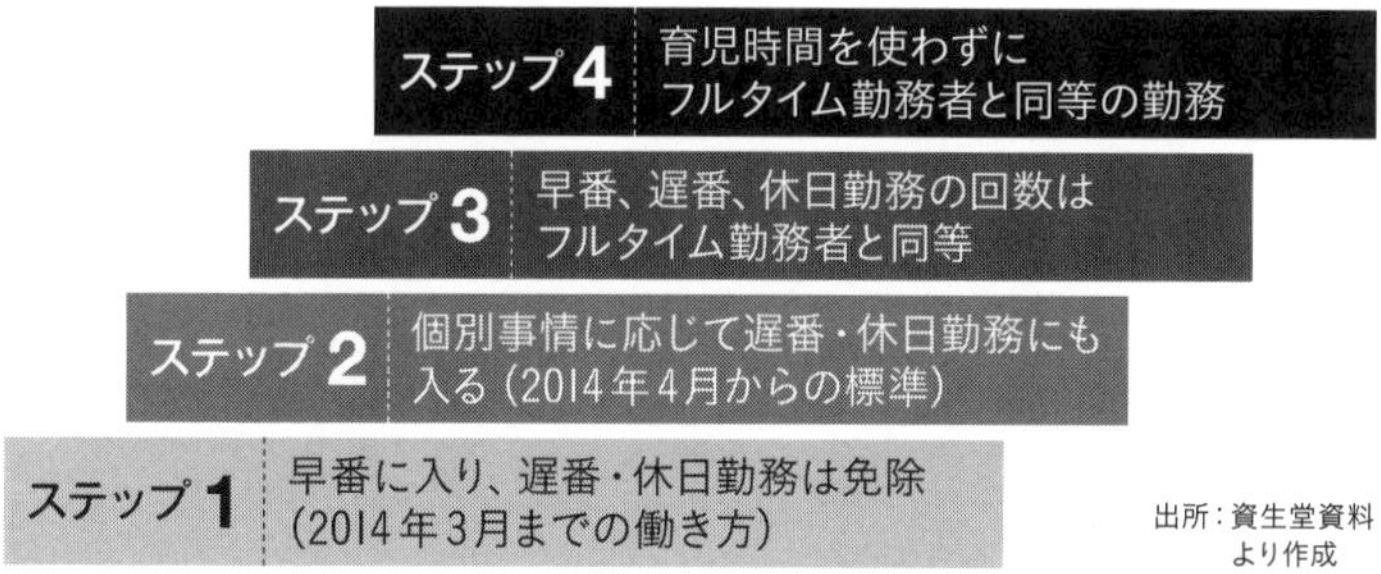
ステップ4
育児時間を使わずに
フルタイム勤務者と同等の勤務
ステップ3
早番、遅番、休日勤務の回数は
フルタイム勤務者と同等
ステップ2
個別事情に応じて遅番・休日勤務にも
入る（2014年4月からの標準）
ステップ1
早番に入り、遅番・休日勤務は免除
（2014年3月までの働き方）

出所：資生堂資料より作成

育て環境に配慮し、シフトの軽減を図るという考え方だ。

これら考え方を整理し、配慮の度合いに応じて働き方を4段階に分類する概念図をつくった。ステップ1は育児時間を利用するBCはすべて早番に入り、休日勤務も免除されている状態だ。ステップ2は個々の状況に応じて遅番や休日勤務を軽減されている状態。ステップ3は育児時間を使って1日の就業時間を短縮しているものの、早番・休日勤務はフルタイム勤務者と同等の回数をこなしている。そしてステップ4は育児時間も利用せず、何の配慮も受けていないフルタイム勤務状態だ。これまで制度利用者はほぼ全員を〝暗黙の了解〟でステップ1に振り分けていた。2014年4月以降は子どもが重篤な疾患を抱えるなど特別な事情がない限り、ステップ1は原則認めず、ステップ2を標準的な働き方に据えると決めた。

この概念図は少し分かりにくいが、会社側からすると出勤シフトを調整するときのスタートラインをどこに置くのかを明確にする狙いがあった。従前はステップ1がスタートラインだった。そうなると遅番や休日勤務に入るのは働く側からすると負荷が高まるイメージだ。ステップ3を本来のあるべき姿ととらえ、ここをスタートラインとすれば遅番や休日勤務を通常よりも減らすこととなり、負担の軽減を意識できる。結果的には同じ回数に落ち着くにしろ、会社の配慮をBCに印象づけやすくなる。

「資生堂ショック」がネット上で議論白熱したときに「子育て中の社員にフルタイム勤務と同等の勤務シフトを強いるのか」と資生堂を批判する意見が多数みられた。これらは事実誤認に基づく的外れな批判であった。「フルタイムと同等」は概念図のステップ3に相当する。会社がBCに求めたのはステップ2の働き方だ。もちろんステップ1を前提に働いてきたBCにとって、ステップ2への移行も容易ではない。ただ働き方改革で会社側は子育てへの配慮を放棄したわけではなかった。

労働組合の問題意識

プロジェクトチームが立ち上がると早々に上野は労働組合に接触した。制度のマイナス改定は視野に入れていなかったが、暗黙の了解で免除していた遅番・休日シフトに入るには個々の

BCは新たな保育サービスの確保など相応の対応が必要だ。会社からすればあくまで運用上の見直しだが、働く側は不利益変更だと受け止めかねない。働き方改革を混乱なく進めるには労組との協力体制が欠かせない。会社の問題意識を早い段階で説明して理解を得て、その後の手順も意見を交換しながら詰めていく考えだった。

資生堂は毎朝8時から人事部と労組の定期ミーティングを開いている。ある日のミーティングで上野は育児時間取得者の増加に伴う職場の弊害を説明し、「制度は変更しない。ただ運用を見直して一律配慮はやめる。個々の状況に配慮はするが、今後は育児時間を利用するBCにも遅番や休日シフトにも入ってもらいたい」と切り出した。労組は会社側の提案を特に反論もなく受け入れた。

資生堂労組はユニオンシップ制。正社員全員が加盟する。BCももちろん組合員で、専従組合員にはBC出身者もいる。組合には、育児時間を取るBCのほか、彼女たちを支える同僚BCや勤務シフトを管理する営業担当社員も入っている。職場に不協和音が広がっている状況を、労組も組合員からの相談や報告で把握していた。問題意識は労使で共通だった。すべての組合員が働きやすい労働環境の確保は組合の役割だと認識している。この問題に関しては同じ組合員でも利害が対立し、どちらかに肩入れできない。「『会社がやってくれるならありがたい』。

そんな雰囲気だった」と上野は振り返る。

労組の心配は、現場の営業部長がきちんとBCと向き合えるかだった。一人ひとりの子育て環境をしっかり聞き取って、個別の配慮ができればBCも納得するだろう。でももし営業部長が会社の考え方をよく理解せずに「会社が決めたことだから、遅番・休日勤務に入れ」といった高圧的な姿勢で臨めばBCはきっと反発する。子育て中のBCと対峙する営業部長にしても、これまでに経験のないことだから、コミュニケーションの取り方が分からず戸惑うはずだ。「営業部長の教育、フォローをしっかりしてほしい」。労組の要望はその一点だった。

4 入念な準備

「下手をすれば、1000人が辞めるかも」

本多は経営サイド、国内化粧品事業部門に基本戦略を説明し、ゴーサインをもらった。働き方改革を翌2014年4月に実施すると決めた。ただどんな手順で進めるかが大きな問題だった。後に「資生堂ショック」が社会を騒がせたことからも分かるとおり、早番にしか入っていないBCに遅番や休日勤務を求めるのは、制度の下方修正や権利の侵害だと誤解されかねない。

慎重に進めないとBCがやる気と帰属意識を失って退職が続出するかもしれない。「下手をすると1000人のBCが辞める」。本多と松本、上野はこんな危機感を共有していた。せっかく育ててきたBCを失うわけにはいかず、プロジェクトチームは綿密に作戦を練った。

労組の指摘を待たずとも、プロジェクトチームも働き方改革の成否のカギは全国の支社・事業所でBCを管理・監督する営業部長だと考えていた。育児時間を使っているBCは全国で約1200人に上る。会社の考え方や狙いを熟知する本社の人事部が全員と個別に面談できれば理想的だが、物理的に無理だ。それに今回の取り組みは一過性のものではなく、今後も育児時間の利用を申請するBCとの面談は継続していく。勤務先である売り場の状況や職場の人員構成など現場の事情をよく知る営業部長以外にその役割は負えない。

変わらない「粘土層」

女性活躍推進が進まない理由に女性自身の意識がよく挙がる。ただ現場を預かる管理職の問題を見逃してはいけない。日本生産性本部は「コア人材としての女性社員育成に関する調査」（2015年10~11月実施）で人事担当者らに「女性社員の活躍を推進するうえでの課題」（複数回答）を尋ねている。「女性の意識」（81・6％）、「育児等家庭的負担に配慮が必要」（59・

1%）と続き、3番目に「管理職の理解・関心が薄い」（53・3%）が挙がる。「管理職の理解・関心が薄い」「経営者の理解・関心が薄い」と回答した企業にその具体的な理由を尋ねると、「女性社員育成の経験がない（または少ない）」（61・7%）、「女性に戦力としての期待が乏しい」（52・9%）が上位に並ぶ。

男女雇用機会均等法の施行から四半世紀以上経つが、企業における女性活躍はこの間もあまり進まなかった。今も管理職層の多数は男性だ。伝統的な男性中心の価値観が会社員人生のなかで染みついているので意識改革が進まない。

こういった男性たちは「粘土層管理職」と呼ばれている。雨水の浸透を拒む大地の粘土層のように、経営層がどんなに変革を訴えても、男性管理職層が障害となり、会社の意図通りに施策が現場や部下に伝わらない状況を表している。少子高齢化による生産年齢人口の減少や国内市場の縮小などに経営者は危機感を抱き、女性活躍推進の必要性を意識するようになっている。だがその思いが管理職に響かない。

現場の管理職にも同情の余地はある。女性活躍推進は中長期的に経営にプラス効果を及ぼすものの、短期的な利益に結びつくとは限らない。むしろ育成に時間と労力を割かなくてはならず、短期的には職場の負担増になりかねない。本来人材育成は管理職の重要な役割なのだが、

コア人材としての女性社員の育成に関する調査

女性社員の活躍を推進するうえでの課題

（3つまで回答）

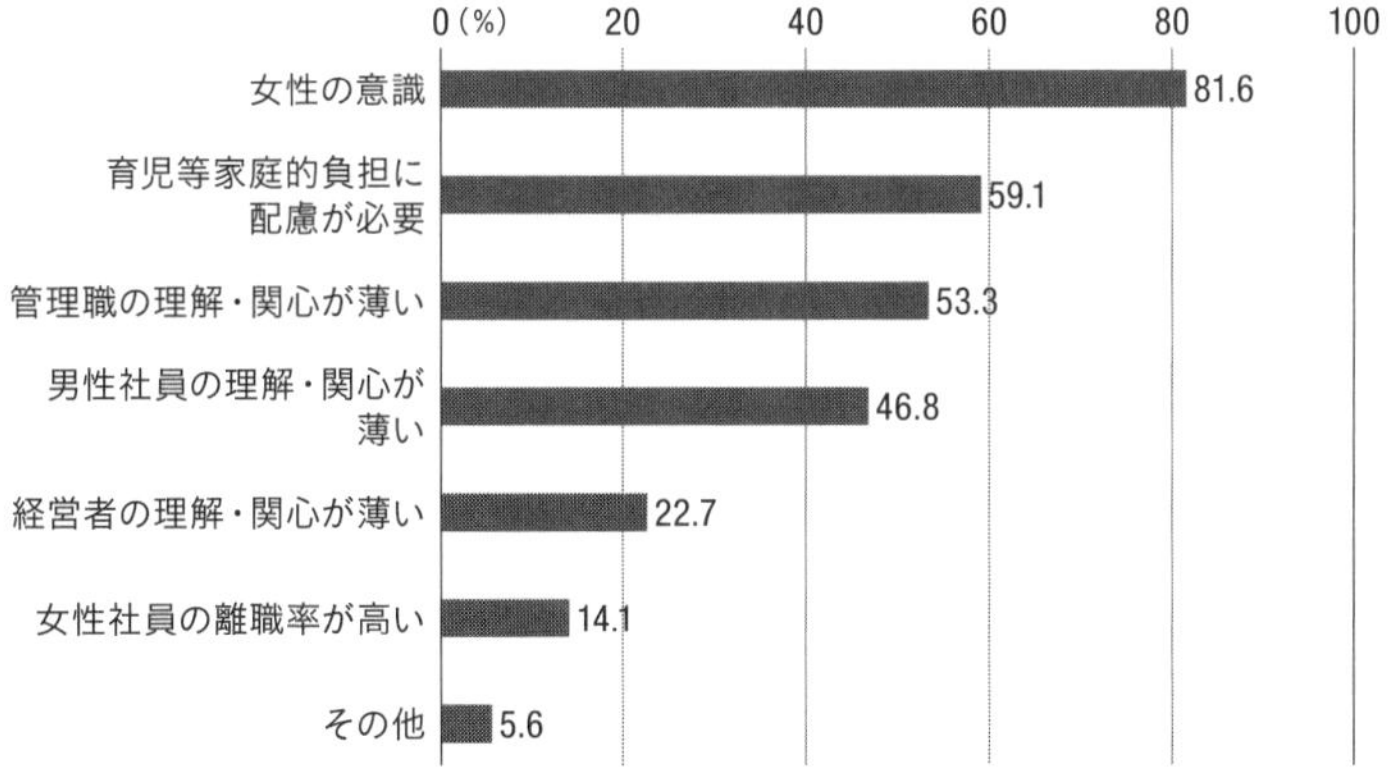

管理職または経営者の理解・関心が薄いと思われる理由

（3つまで回答）

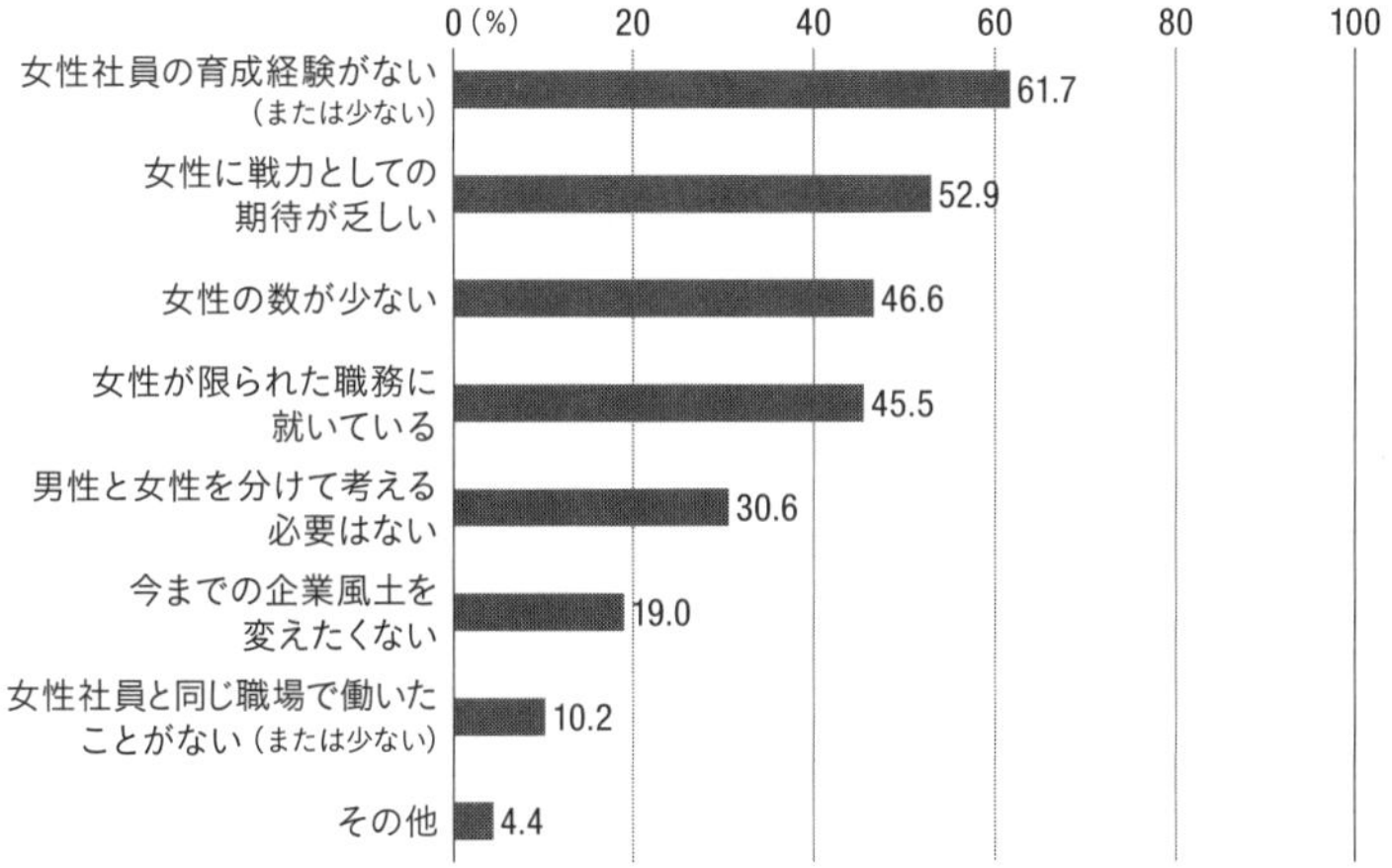

出所：日本生産性本部、2015年10～11月実施、有効回答＝587社

日本企業では人材育成に対する評価が相対的に低く、売上高や収益など短期的な実績で管理職は評価されがちだ。本気で女性活躍推進を進めるためには経営層が管理職に意識改革を継続的に働きかけたり、女性部下の育成具合を人事評価項目に加えたりするなど粘土層管理職対策を同時に進めなくてはならない。

全国12カ所で営業部長研修

全社を挙げてBCの働き方改革を進めるためには営業部長の足並みが乱れてはまずい。意思統一を図るために人事部は国内化粧品事業部門の協力を得て、全営業部長を対象に研修を計画した。会社は女性活躍推進の旗を振っているものの、個別の社員では温度差もある。仕事と子育ての両立ができるように全面的にサポートする営業部長もいれば、仕事に集中できない子育て期の女性社員に〝戦力外〟の烙印を密かに押す管理職も残念ながらいる。

「ただ個人の思いは別にして、資生堂の管理職としてどんなスタンスを取るべきかは決まっている。足並みをそろえて臨まないと混乱を招く」(本多)

2013年9～10月に営業部長ら500人を集めて開いた研修では労働組合も全面協力した。労使一体の取り組みであることを意識づけるために考えた工夫だ。主要都市の会場では労組委員長が挨拶に立ち、「これは組合も望んでいたこと。営業部長の力を借りていい会社にしていきたい。ぜひ一緒にやりましょう」と呼びかけた。すべての会場に労組の執行役員が入って研修をサポートした。

ＢＣと対面する営業部長はマタハラなどと疑われ、労働争議に持ち込まれることを恐れる。かといって従来通りの腰が引けた対応では改革が滞る。研修で説明する会社の考え方や面談の進め方は労組と事前調整して了解を得ている。その内容に基づいてＢＣと接している限り、もし複雑な問題が起きたとしても、会社は方針を曲げるつもりはなく、場合によっては人事部がケアすることも視野に入っており、労組も同じ覚悟であることを伝える狙いがあった。

「育児もキャリアの１つ」という考え方

研修で営業部長に最も強く説いたのは「育児もキャリアである」とする考え方だ。子育て経験がない男性は「子育て＝仕事のブランク」と思っている。それは子育て中の女性を評価しない遠因になっている。

仕事と子育てを支障なくこなすにはタイムマネジメントやリスクマネジメントが欠かせない。育児期だからこそ磨かれる能力があると、本多と松本は体感していた。ましてＢＣの仕事は幅広い世代の様々な背景を持つ顧客と接すること。顧客には子育て中の女性も当然いる。同じ立場で、子どもを育てている女性の気持ちが分かるBCが店頭で戦力にならないはずはない。意思表示が十分にできない子どもと接していると相手の気持ちを感じ取る力が身につく。それも接客に生きるはずだ。「子育て経験は売上向上にも必ず役立つ」。そう説明すると営業部長は目の色を変えた。

研修では面談の練習に多くの時間を割いた。プロジェクトチームの上野と松本が、それぞれ営業部長とBCの役に扮して寸劇で好事例を示した。参加者同士でロールプレイングをしてもらい、会社の考え方や狙いをどう話せば心に響き、逆にどんな言い方だと反感を覚えるかを意見交換した。

会社側は面談で絶対に口にしてはいけないNGワードを示した。それは「ご主人に手伝ってもらってはどうでしょうか」「育児時間を使わなくても大丈夫そうですね」といった具体的な指示だ。遅番や休日勤務にたとえ月1回でもいいから、できる範囲で入ってもらうのが働き方改革の目的だ。ただそれは一方的な押しつけではなく、面談は両者の落としどころを探る場だ。営業部長は助言のつもりであっても、両者間には立場上の力関係が存在し、聞く側は会社からの命令と受け取ってしまう。それはあるべき姿ではない。

面談の好事例・NG事例（取材を基に作成）

心に響く言葉の事例

○「子育てしなければ分からないことがある。
それを仕事に生かしてほしい」

○「子どもの母親はあなたしかいない。
でもあなたのBCとしての力を必要としている顧客もいる」

○「遅番に入るのは大変だろう。でも育児は人生のなかで一時期。
長い人生を考えれば仕事を手放すのはもったいない」

○「将来もっと活躍してほしいから、
子育て中であっても今、キャリアを磨いてほしい」

○「お客さまをきれいにして差し上げたくてBCになったのではないの。
その夢をあきらめてはダメ」

○「あなたの姿を後輩も見ている。これから結婚して子どもを産みたいと
考えているBCのロールモデルになってほしい」

○「仕事がどんなに好きかをご主人に話したことはある？
ちゃんと向き合って話せば協力してくれるかも」

反感を招く言葉の事例

×「ご主人に見てもらえばいいじゃない」

×「有料の保育サービスがあるんだから、それを使えばいい」

×「育児時間を使うBCなんて評価できない」

×「会社が決めたことだから」

×「育児時間を取らなくても平気だろ」

営業部長とBCの立場を模擬的に経験していると、徐々に上手な伝え方がみえてきた。例えばBCのプロ意識に訴えかける手法だ。BCは単なる販売職ではなく、美容に関わる専門職。多くは自らの技術やアドバイスで顧客を美しくすることにやりがいを感じている。顧客に感謝の言葉をかけられるなどBCの仕事に就いて良かったと思った経験を誰もが持っている。現在は目の前の育児で手いっぱいかもしれないが、そのときの気持ちを思い起こしてもらえれば仕事へも前向きになれる。わずかな心の持ちようの変化でも、それが働き方を見直す原動力となった。

「やる気」はどこから生じるのか。心理学はやる気にも「外発的動機付け」と「内発的動機付け」の2種類があるとしている。外発的動機付けとは、命令や賞罰、金銭的報酬など外からの働きかけのこと。内発的動機付けは、その行動自体が好きだったりおもしろかったりといった内面的な心理のことをいう。一般的に外発的動機付けは一時的な効果はあっても長続きせず、内発的動機付けは一度行動に結びつくと外からの働きかけがなくてもやる気が維持されるといわれている。人事部に聞く限り、動機付け理論に基づいて効果的な面談方法を検討したわけでもないようだ。ただ結果をみると、強制や命令に頼らず、BCのプロ意識という内面に働きかけたことが働き方改革を成功に導いた要因かもしれない。

ＤＶＤで一斉解説

２０１３年11月に入ると、会社はいよいよＢＣへの説明を始める。地域ごとに毎月開いている定例のＢＣセミナーでＤＶＤを一斉に上映した。産休・育休中で参加できないＢＣには自宅にＤＶＤを送って視聴してもらった。

ＤＶＤ「仕事と育児の両立　新たなステージへの進化」は全編20分強。ＢＣを統括する執行役員・関根近子（当時）が育児時間取得者の増加に伴う職場の混乱や子育て中社員の意識の変化を訴え、執行役員人事部長・大月重人（同）が働き方改革の狙いと進め方を説明している。

仕事と子育ての両立支援の目的は、①人材の完全活用、②優秀な人材の獲得、③ダイバーシティの実現――だと説明した後、先述した女性活躍３ステージの概念図を示して、今回の働き方改革は第３ステージへの移行であり、「働き続けられる会社」から「働きがいを追求する会社」への進化だと強調している。そのうえで「育児時間＝早番」ではなく、育児時間取得者の働く「時間」「曜日」「場所」は当事者の子育て状況や取引先・職場の事情に応じて会社が決めるものであることを確認し、２０１４年４月以降は遅番や休日勤務にも入ってもらうと会社の方針を明らかにした。どんな勤務シフトで働くかは、今後の直属の上司との面談で調整していくと手順を説明している。

ＤＶＤのなかで関根と大月は役割を絶妙に線引きしている。関根が現状について若干厳しめに苦言を呈し、大月は会社の考え方や今後の手続きを客観的に伝える。関根はＢＣ出身であり、子育てをしながら働いてきた。いわば子育て中のＢＣにとっては同じ境遇の同士に当たる。例え同程度に厳しい内容を伝えるにしても同じ境遇を経験した者が伝えた方が共感を得やすい。反感や反発を防ぐために計算した役回りであった。

通常ＢＣセミナーは新商品の紹介や最新トレンドなどを講師から学ぶ場だ。参加したＢＣは、まさか育児時間の使い方について、その日に会社から要請があるとは思っていなかった。誤解を生まないように、同じタイミングで案内を行うこととしたためだ。すでに研修を終えていた営業部長にも他言は禁じていた。

「その場ではＤＶＤの内容をすぐに飲み込めない様子だった」といくつかの会場を回った本多は振り返る。ただし、会社の思いは必ず伝わるという確信も持っていた。「数多くのＢＣと接していて、彼女たちがＢＣの仕事を好きだということは分かっていた。さらに働きがいと遅番免除の違和感、周囲の仲間に負担をかけているという罪悪感なども育児期のＢＣにとって心地良いものではない。一時的に負担増になったとしても受け止めてくれると信じていた」

「ゼロ回答は認めない」

ＤＶＤで説明した翌12月に個別面談は始まった。ＢＣセミナーから1カ月を置いたのは、その間にＤＶＤの内容を冷静に反芻してもらうとともに対応を家族らと話し合う時間を持ってほしかったからだ。この間も営業部長は通常業務の傍ら、店頭を回って該当ＢＣに声をかけるなどフォローを続けた。実は会社側の説明にＤＶＤを用いたのは、もう一つ別の狙いもあった。ＢＣに対する苦言や厳しい要求をＤＶＤのなかで本社サイドが負うことで、営業部長が現場のＢＣに寄り添う姿勢を示しやすくすることだ。

実際、多くの営業部長は「ＤＶＤはあんな説明をしているけど、大丈夫、ちゃんと配慮はする」「できる範囲で構わない」などとやさしく語りかけ、ＢＣのショックを和らげる緩衝材の役割を果たした。

面談には各支社・事業所の美容部長も立ち会った。主役はあくまでＢＣと営業部長だが、一対一のやりとりでは相互の勘違いなどから後々に「言った」「言わない」といったトラブルが起きる可能性もある。美容部長はＢＣ出身者が務めており、現場の状況も熟知している。両者間の調整で適切な助言も期待できた。時間は1回最低30分。結論は急がず、もしＢＣが納得できないようだったら日を改めて何度でも機会を設定するように指示していた。子育て環境をしっかり聞き、個別事情に応じた配慮をするように営業部長に求める一方で、遅番にも休日勤務にも入らない「ゼロ回答」は基本的に認めないように徹底した。

1つでも例外を認めると、その情報が全国に広がり、同じ扱いを求めるケースが必ず出てくる。頻度の差はあるにしろ、全員が一歩踏み出すことが重要だと会社は考えた。どうしても判断が付かない事例は本社人事部で対応すると伝えていた。

働き方を見直すBCも大変だが、面談を任された営業部長も初めての経験だけに緊張していた。管理職向け研修は地域ごとに1回限りの開催だった。中には研修終了後に自主的に面談の練習会を開く事業所もあった。本番に向けて営業部長は真剣に備えていた。

将来キャリアを視野に検討

本章冒頭で紹介した木下も、緊張しつつ本番を迎えた。面談するBCは10人。「研修でシミュレーションはしたけど、個別にどんな話になるのか、想像もできない。考えすぎては押しつけになりかねない。特に戦略も立てずに、とにかく希望をよく聞く姿勢で臨んだ」。遅番については最低ラインを決めていた。それぞれ月1回開いているBCセミナーと営業ミーティングへの終日参加と、月2回の遅番勤務だ。セミナーとミーティングはそれまでは途中退席を認めていた。ただいずれも営業戦略を決めたり、新商品を顧客に正しく伝えたりするのに重要な場だ。後から同僚に内容を確認することもできるが、情報の共有は職場の一体感を高めるためにも欠かせないと考えた。

初回の面談では、シフト負担を平準化したいという会社の狙いを改めて説明し、同時に「遅番に入り、1人でも多くのお客さまにあなたの良さを伝えてほしい」と訴えた。子どもを預けている保育園の延長保育や休日保育の提供状況、手伝いを期待できる家族の有無、ベビーシッターやファミリーサポートセンターなど地域の子育て支援サービス……。1カ月の準備期間でBCも情報収集し、対応策を考えていた。木下も、子育て関連費用を補助する会社のカフェテリアプランの概要などを説明し、落としどころを探った。熱心な説得が奏効し、木下が担当する10人のBCは、BCセミナーと営業ミーティングの終日参加のほかに、月2回の遅番シフトを全員が受け入れた。対応の仕方は人それぞれだ。やはり多かったのは夫や実家など家族の協力だ。家族間の調整をしやすくするために勤務シフトを2カ月前に組むようにした。従来は1カ月前だったが、夫が勤務先と仕事の調整をするために前倒しを望まれたからだ。

「以前と比較して職場の一体感が高まった」と木下はみる。自分のことを優先する――そんな空気が働き方改革前にはみられたが、今は消えた。「BCセミナーで働き方改革に関する

ＤＶＤを全ＢＣが視聴した。会社の方針で子育て中のＢＣが自分たちで工夫して働き方を変えたことを職場の全員が知っている。『彼女たちも頑張ったのだから、私も助けてあげたい』。こう話してくれた同僚ＢＣもいる」

面談が一通り終わってから、プロジェクトチームは社内アンケートを取った。働き方を変えたことに対する戸惑いや嘆きも当然あったが、前向きに評価する意見が意外なほど多かったという。「ＢＣの子どもの性別も年齢も知らなかった。子育て状況が分かったことで互いの距離が縮まった」「どんな気持ちで仕事と向き合っているのか本音を聞けた。今後の人事に生かせる」といった管理職の声。育児時間を使っているＢＣからも「会社に貢献できていない後ろめたさを感じていたが、遅番に入るようになり、心が楽になった」「会社の期待を聞くことができて、頑張る気持ちになれた」などの意見があったという。

本多は「子育てを聖域にしていてはダメ。苦しくて大変だったけど、子育てをしながらもやりがいを持って仕事で成長できる環境へ、全員で一歩踏み出せた」と話す。

第2章

「マミートラック」の罠

1 育児時間チーフ奮闘

「育児時間＝早番」の固定化はキャリア形成上の問題もはらんでいた。勤務時間が短いだけでなく、いつも同じ時間帯に働くので担当できる業務が限られる。理解のない上司は「使いにくい社員」と烙印を押し、責任ある仕事から遠ざける。一方、当事者であるビューティーコンサルタント（ＢＣ）も、本来担うべき幅広い業務を担当できず、日常の仕事体験を通じた能力アップが思うように果たせない弊害もあった。

子どもを持つ女性のキャリア形成の遅れは多くの企業で生じている。子育てを理由に通常とは異なるキャリアコースを歩む「マミートラック」と呼ばれる現象だ。

マミートラックは仕事の軽減と引き換えに昇進・昇格のチャンスが減る。望まずにマミートラックに追いやられた女性は「頑張ってもどうせ評価してくれない」と仕事へのやる気がそがれ、それを見た上司や職場の同僚は「やっぱり子どものいる女性に仕事は任せられない」と女性社員への評価を一段と下げる。そしてそれが女性社員のやる気をさらにそぐ。子育て中の社員にまつわる負の連鎖は多くの企業でみられる。これも日本企業で女性活躍が進まない要因だ。

子育て中の社員を〝戦力外〟と決めつけずに、やる気と能力をどうやって引き出し、成長を促すか。ＢＣの働き方改革には、マミートラック解消というもう一つの狙いもあった。

売上２割増

旅行者や通勤・通学客、買い物客らが絶え間なく行き交うＪＲ名古屋駅ビル構内。中央通路に面したドラッグストアが山谷里美(仮名、41)の職場だ。６人のＢＣが所属し、資生堂化粧品を販売している。山谷は２０１４年７月に売り場を統括するチーフに昇格した。９歳と６歳の２人の娘を育てるワーキングマザーで、今も育児時間を使って働いている。チーフになってから接客手法の改革を実施。その後、資生堂コーナーの売上高は前年同月比２〜３割増の快進撃を続けている。

１９９５年に資生堂に入社した。長女を出産して育児休業から２００８年４月に仕事に戻った。それからずっと育児時間を使って１日の勤務時間を２時間短縮している。２０１４年４月に働き方改革が実施されるまでは早番だけに入っていた。今は月２〜３日遅番をこなす。ＢＣセミナーで「遅番に入ってもらう」と説明があったときは困惑した。「育児時間を取るＢＣは早番に入るものと信じていた。夫は会社員。休日は子どもの世話を頼めるので休日勤務には入っていたけど、子育て中はずっと早番を続けるつもりでいた」と振り返る。

勤務先のドラッグストアは朝8時開店、夜10時閉店と営業時間が長い。育児時間を使う早番は10時入店、午後4時45分退店でよかった。何の支障もなく、朝夕に娘を保育園に送迎できた。遅番は閉店後の残務処理もあり、退店は夜10時を回る。閉店間際であろうと顧客が来れば対応し、接客が終わるまでは帰れない。保育園はそんな遅くまで子どもを預かってくれない。

ただフルタイム勤務の同僚に負担をかけているのは分かっていた。「月数日で構わないから、仕事を早めに切り上げて帰ってきてくれないかなぁ」と夫に相談。夫もできる範囲での協力を約束してくれ、月2～3日の遅番を引き受けた。夫がどうしても都合が付かない日は実家の両親やママ友に頼る。特にありがたいのは同じ保育園に子どもを預けているママ友の存在だ。自分の子どもを迎えに行くついでに、山谷の娘も引き取り、そのまま自宅に連れ帰ってくれる。遅番を終えてから、ママ友の家に寄って娘をピックアップして自宅に帰る。「彼女が仕事で忙しくて、私が早番の日は逆に彼女の子どもをうちで預かる。働くママ同士の助け合いができている」

まさかの昇格

遅番に入って2カ月後にチーフ昇格の打診を受けた。最初は「無理です」と断った。「遅番に入っているとはいえ、月2~3日程度。育児時間を使っていて同僚BCより勤務時間が短い。売り場の責任者なんて務められない」。育児時間を使っているBCがチーフに就いている前例を聞いたこともなかった。ただ上司の見立ては違っていた。経験も十分に積んでおり、職場では年長者で頼りにされている。何よりも短い勤務時間のなかで工夫と努力をし、成果を上げていた。「育児時間を取っていることは気にしなくていい。不在の時間をカバーするサポート役も付けるから」と説得され、受け入れた。

まさか就けると思わなかったポストに就き、モチベーションが上がった。営業担当らと話し合い、昇格して早々に接客手法を見直した。勤務先のドラッグストアは医薬品や石けん・シャンプーなどの日用品、雑貨なども幅広く扱っている。店舗の片隅に資生堂などいくつかの化粧品メーカーが販売コーナーを持ち、自社の美容部員を配置している。売り場に同業他社が並んでいる場合、通常は各社の美容部員は自社コーナーに張り付いて顧客を待つ。店舗は改札口のすぐ目の前にあり、立地条件は抜群だ。日用品や雑貨などを買い求める来店者で店内はいつも混み合っているのに資生堂コーナーに立ち寄る客はごく一部だった。

山谷は顧客を待つのではなく、店内を回って声をかける作戦を立てた。明らかに同業他社の化粧品コーナーを目的に来店したと思われる客は別だが、何かを探していたり迷っている様子がみられたりする来店者に積極的に話しかけてみようと考えた。固定概念を覆す発想だ。事前に店のオーナーに相談し、了解を取った。

声をかけるといっても資生堂商品の押し売りはしない。「お困りですか?」「何かお探しですか?」とまず尋ねる。ほとんどは「頭痛薬はどこですか?」「ペットボトルの水は売ってますか?」など資生堂の化粧品とは関係のない用件だ。来店の目的がはっきりしていれば売り場まできちんと案内する。そのためにBC全員がドラッグストア内に並ぶあらゆる商品を学び、売れ筋を覚えた。そして接客のやりとりのなかで時間に余裕がありそうだったり、求めている商品に関連する資生堂商品があったりしたら、初めて資生堂コーナーに誘導してPRに努めた。

効率的に成果を出すには

遠回りの戦略のようだが、成果はすぐに出始めた。「そんなお悩みをお持ちなら、こちらの化粧品を併用するともっと効果がありますよ」。しつこく勧めなくても、たった一言添えるだけで予想以上に効果があった。資生堂化粧品を一緒に買ってくれたり、その日は買わなくても後日改めて来店してくれたりした。資生堂コーナーを目的とした来店者は以前BC1人当たり1日平均10人前後だったが、20人に倍増した。店頭会員の新規登録が前年同月比で50～100％も伸び、コーナー全体の売上高は2～3割伸びた。

「来店者は多いのになぜ待ってばかりいるんだろう？」。山谷は以前から不思議に思っていた。育児時間を使っている分、店頭に立つ時間が2時間短い。効率よく成果を上げるにはどうすればよいかをずっと考えていた。チーフに昇格し、温めていたアイデアを実現する機会を得た。成果が数字に表れて、仕事に取り組む意欲はさらに高まった。最近の悩みは、資生堂の成功を脇で見ていた他社も同様の戦略を検討し始めたこと。「また新しいことを考えていきたい」。チーフとして山谷は次の一手を練り始めている。

2 パフォーマンス上げる上司の責任

育児時間確認書、その裏面には……

子育て中の社員とそれを支える社員の間に生まれた不公平感の解消――働き方改革はこの1点に注目が集まった。会社の狙いは、ほかにもあった。プロジェクトチームの一員として改革に関わった松本聖子（現美容統括部長）は、「私が本当にやりたかったのは、子育て中のBCとその上司のコミュニケーションを深めること。子育て中のBCがどんな子育て環境で子どもを育てていて、仕事上、どんな悩みを持っているのか。個別面談を通じて上司にちゃんと理解してほしかった」と話す。

BCと積極的にコミュニケーションを取る営業部長がいる半面、深入りしようとしない営業部長も残念ながら存在した。「BCは人をきれいにしてさしあげたくて、接客が好きでこの仕事を選ぶ。勤務時間は短くても、仕事に真摯に向き合いたいと思っているBCも多い。なのにそのやる気を生かせていない。管理職の仕事は、部下一人ひとりのパフォーマンスを上げること。育児期社員のモチベーションを上げて、働き方を見直すサポートも大事な役割」。営業部長と子育て中のBCのコミュニケーションが希薄になっていることに松本はもどかしさを感じていた。

働き方改革を実施する際、家庭の子育て環境を把握するために営業部長と美容部長の2人ですべての該当BCと個別面談を実施した。話し合った内容を確認するために面談終了後、育児時間取得に関する相互確認書を取り交わした。働き方改革のために会社が準備したツールだ。A4判1枚の相互確認書は主に育児時間取得に関するルールが明記されている。「就業時刻については社員の事情を配慮しながら会社が決定する」「育児時間制度を取得する場合も土日、祝日の出勤を免除するものではない」といった原則が表面に記されている。

裏面にひっくり返すと、そこには営業部長への注意事項を記してある。「中長期ビジョンを一緒に考えたうえで業務配分やシフト体制の検討を行う」「育児時間取得者であっても成果を上げた人は正当に評価し、任用対象として育成する」「会社の成長に寄与する人材であると期待を込めてマネジメントに努める」。松本の思いがここにこもっている。育児時間を取ってい る限り、個別面談は半期に1度、継続的に実施する。毎回、確認書をBCと営業部長は読み合わせる。そのたびに営業部長は自分の役割を再確認する。

「育児時間＝早番」といった先入観は、営業部長のBCマネジメントに影響していた。管理職は本来、本人の適性や希望を見極めて将来のキャリアプランを立てて、その実現に向けて仕事を与えたり、配置転換したりする。だが育児時間を取っているBCは育成対象から外されがちだった。短い勤務時間でも効率的に働いて十分な成果を上げるBCもいたが、フルタイム勤務ではないという理由だけで人事評価が抑えられることも珍しくなかった。こうした営業部長のマネジメントは育児時間を取るBCのモチベーションを下げた。「どうせ評価されないなら無理して働かない」「やっぱり彼女たちは戦力にならない」と悪循環に陥っていた。

ＢＣの働き方改革は、こうした悪循環を断ち切り、子育て中であってもモチベーション高く働いてもらい、キャリアアップ意識をＢＣと営業部長の双方に植え付ける狙いがあった。

担任の1割が育児時間取得者

効果も表れている。「育児時間を使っているＢＣを売り場チーフにしたいけど構わないか」。そんな相談が全国から松本に寄せられる。早番以外に入るようになり、その人の能力を各現場が客観的に判断し、自然発生的に広がった。例えば「施策担任」という地域の指導役に就くケースが増えた。担任は本社とＢＣの橋渡し役。新商品情報や最新の化粧術、流行のファッションなど接客に不可欠な情報・スキルを本社で学び、それを各地域に戻ってＢＣに指導する。全国におよそ400人の担任がいる。知識・スキルの習得のために本社に呼ばれることが多く、出張が業務上欠かせない。そのため以前はほぼ全員がフルタイム勤務者だった。今は1割弱を育児勤務中のＢＣが占める。以前なら子育て中だからと諦めていたポストに今は就ける。育児時間を取っていようがいまいが一人ひとりの適性を現場の管理職がしっかりみるように変わった。

育児時間を使っているＢＣのうちチーフや担任に就いた者は全体からみれば、まだ少数派だ。

ただ松本はその波及効果も感じている。「BCのなかにも、子育て中を理由に『それはできません』『無理です』と緩やかな働き方に向かおうとする人が今もいる。ただ育児時間中のBCで、これまでは想像もしなかった活躍をする人たちが増えてきて、意識も変わってきている。それはフルタイム勤務BCも同じ。『育児時間中でもあそこまでやっているのに、私たちフルタイム勤務者がこのままでいいのか？』と自らの活動を見直している」

こうした小さな積み重ねが、職場の活性化につながり、売り場の販売力を底上げした。

3 生産性を下げる「マミートラック」

仕事の軽減と引き換えに

子どもを持つ女性にどんな仕事を任せるか。資生堂に限らず、日本企業に共通する課題だ。それまでバリバリ働いていた女性でも子どもが生まれると途端にルーティンワークや責任の軽い仕事に回されるケースをよく聞く。それは「マミートラック」と呼ばれている。ワーキングマザー向けの負担の軽いランニングコースといった意味合いだ。

企業がマミートラックを備えるのは、子育て中の社員への配慮でもある。出産・子育てをきっかけに退職勧奨をしたり、子育て中であることに一切配慮せずに残業を伴う仕事や責任を負わせたりする「マタハラ」の報告が途絶えない状況で、良心的な対応ともいえる。ただマミートラックは運用を誤ると、人材の有効活用を阻害し、企業の生産性低下を招く。

ほとんどの企業では仕事の軽減と引き換えに昇進・昇格などの速度を落とす。時間的な制約で仕事上の貢献が減っているのであればやむを得ない。

日本企業では一度通常のキャリアアップコースを外れると取り戻せないことがある。年功序列型人事制度では、入社5年で主任に就き、入社10年で係長に上がる――といった具合に、管理職一歩手前くらいまでは同期入社とほぼ横並びで昇進・昇格を果たす。どこかの段階でマミートラックに入ってしまうと、その流れに乗り損なう。それはワーキングマザーの活躍の機会を奪い、モチベーションダウンにつながる。

本人がマミートラックを希望したとしても、経営上の問題は残る。バブル経済崩壊以降、企業は新卒採用を抑制して社員数を絞り込んだ。生産性向上が重要な経営課題になっているなかで、ほかの社員と同程度の貢献が期待できない社員を抱え込んでもいられない。家庭的責任を夫より妻が重く担う日本社会の文化的背景を加味すれば女性が働き続けるには一定の配慮も必要だ。手厚い配慮を社内外にアピールして、人材採用で優位に立つ経営戦略もある。なのでマミートラックの善し悪しを一律に判断できないが、少なくとも人材戦略のなかでメリット、デメリットを整理してきちんと位置づけることが重要だ。

女性の成長阻む「パターナリズム上司」

マミートラックの弊害は経営者や人事関係者に浸透してきた。会社の方針として、見直そうとする動きも出始めている。むしろ問題は各職場で上司が主導するマミートラックだ。問題となる上司のタイプは主に2つある。

1つは子育て中の社員に〝戦力外〟の烙印を一方的に押す管理職だ。時間生産性を重視しない古いタイプに多い。結果を出すためなら長時間労働や休日出勤もいとわず働くのが一人前の社員だと考えている。だから短時間勤務だったり、残業ができなかったりする子育て中の部下を評価せず、マミートラックに追いやる。

2つ目は子育て中の社員に気を遣いすぎる管理職だ。今管理職に就いている男性らは「イクメン」世代より上。積極的に子育てに関与した男性は多くない。育児・子育ての実情を知らないためにその負担を過大に評価して、必要以上に仕事の負担を軽減するタイプだ。男性が外で働き、女性は家庭を守るといった性別分担意識が強いほど、この傾向は強くなる。「子育て中は仕事を軽くしてあげなくてはいけない」「仕事が忙しくては子どもがかわいそうだ」などと考え、当人に悪意は全くない。

21世紀職業財団は「若手女性社員の育成とマネジメントに関する調査研究」を2015年12月にまとめた。そのなかで大手企業10社の管理職866人に意識調査を実施している。調査結果をみてみると、男性管理職は女性管理職と比べて、出産や結婚をした女性部下に手厚い配慮をしている。「育児中の女性には責任の重い仕事をさせないように配慮していますか」という質問に「配慮している」と回答した男性管理職は26％いた。女性管理職のおよそ4倍だ。「女性は結婚したら負荷がかからないように配慮していますか」という設問に対しても、男性管理職は22・1％が「配慮している」と答えたが、女性管理職はわずか2％にすぎない。

子育て中の女性社員に〝戦力外〟の烙印を押す管理職も、気を遣いすぎる管理職も、どちらも職場の女性活躍を阻害する。意識改革を促すなどの対処が必要だ。特に「気を遣いすぎる」タイプは表面的には「やさしい上司」にみえるので、問題が表出しにくく、会社の対策の網から漏れがちだ。本人も悪意がないゆえに言動を自ら変えようとしないのでやっかいだ。最近研究者の間でこうした男性上司の振る舞いが「パターナリズム（伝統的父権主義）」と呼ばれて、注目を集めている。パターナリズムは、子育て中の社員だけでなく、広く女性社員に向けられ

結婚や育児に対する配慮

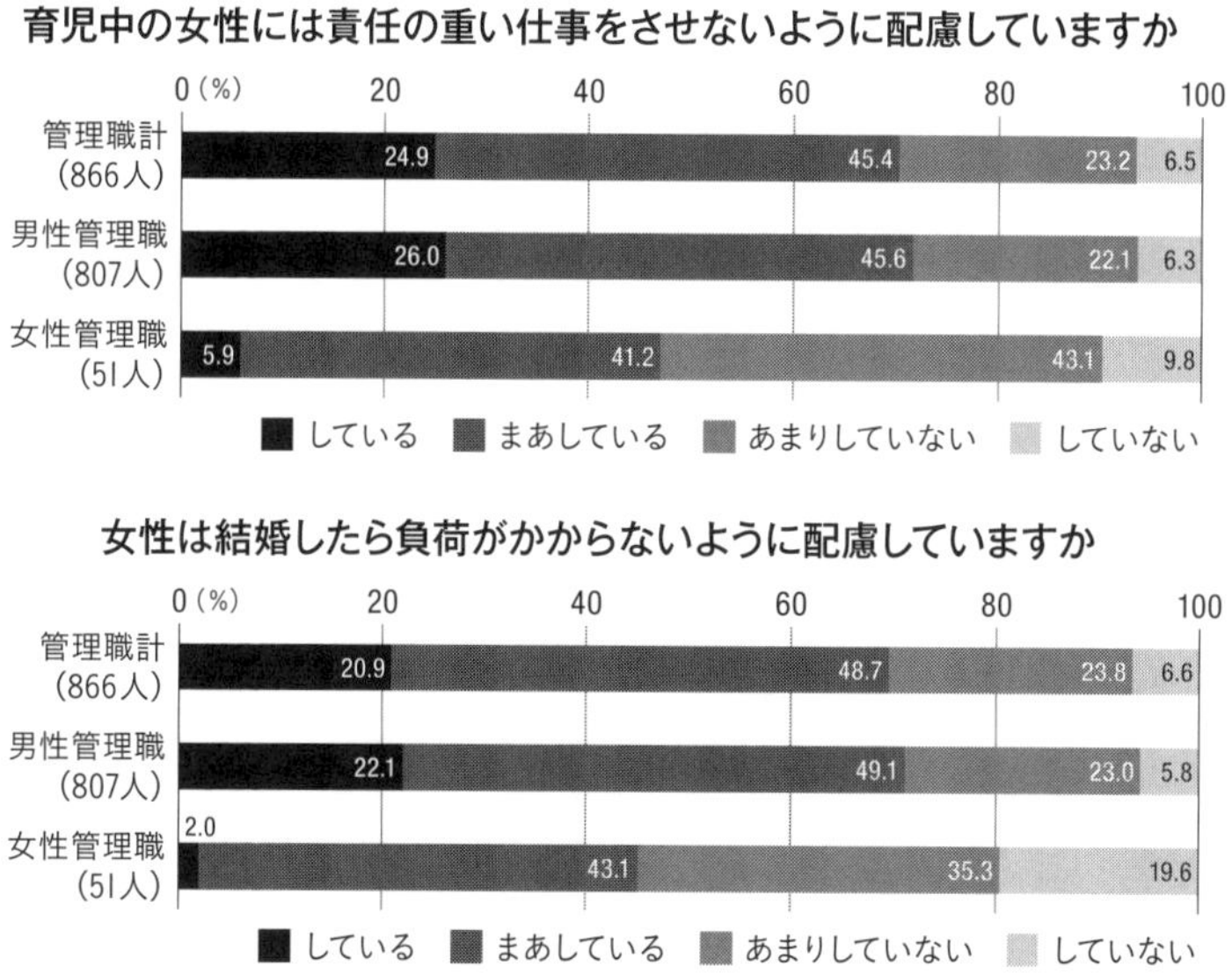

出所：21世紀職業財団「若手女性社員の育成とマネジメントに関する調査研究」（2015年12月）

る。「修羅場を体験させるのは忍びない」「重責を負わせては気の毒だ」といった意識が部下への仕事の配分に影響し、成長につながる仕事の機会が男性より女性は少なくなる。仕事上の成長は現在の実力よりも少しレベルが高いストレッチ体験が大切だといわれている。日々の配慮は微々たるものでも、それが10年、20年と積み重なり、管理職の昇格時期を迎えるころには入社年次が同じでも男性社員と女性社員の能力差が開いている。どちらを昇格させるかを客観的に判断しようとすると、男性が管理職に選ばれてしまう。日本で女性管理職比率が低い理由に、男性上司の無意識なパターナリズムがあるのではないかとみている研究者もいる。

「早番」がやらない仕事

話を資生堂に戻そう。「育児時間＝早番」といった固定化はBCの成長にも影響していた。育児時間を使って1日の就業時間を2時間短くすれば、その分、接客機会が減り、成長は遅れる。成長への影響はそれだけではない。早番と遅番では売り場で担当する顧客層や業務が微妙に異なる。本来BCは早番と遅番の両方に満遍なく入り、様々な仕事を経験しながら一人前に育っていく。早番だけでは仕事の経験が偏り、会得すべき技能や知識を学べないリスクがある。会社が月1回でもいいから遅番や休日勤務に入れようとした狙いは、ここにもあった。

横浜市内の化粧品販売店で働く沢田和子（仮名、43）は週1回、遅番をこなす。2010年8月に長男を出産し、2012年4月に育児休業から復帰した。復帰後は育児時間を使って、ずっと早番だけだった。以前保育園への送迎は毎日沢田がやっていた。週1回の迎えを夫に任せ、2014年4月から遅番に入っている。

「同じ店舗なのに早番と遅番では客層ががらりと変わった」と打ち明ける。早番は50～60代の主婦層がメーン顧客だ。来店者も少ないので余裕を持って対応できる。遅番だと夕方以降は会社帰りの若い女性が多数やってくる。接客が間に合わず、待ってもらうこともある。相手が何を求めているのか、短い接客時間のなかで適切に要望を読み取らなくてはいけない。年代が異なれば肌の悩みや化粧の仕方も違う。顧客に勧める化粧品も早番と遅番では違った。わずか週１回だが、仕事の幅は広がった。14年12月に人事異動で勤務先の店舗が替わった。新しい職場ではサブチーフも務める。これまで勤務シフトがすれ違いだった若い同僚とコミュニケーションをとる機会が増え、情報共有や指導ができるようになった。働く時間の長さは同じでも接客数も違う。遅番は忙しいが、その分、売上が上がる。沢田は「売上が伸びればやはりうれしい。それがモチベーションアップにもつながっている」と話す。

化粧やエステ、マッサージといったＢＣに求められる基本技術は、接客した顧客の人数に比例して身についていく。育児時間を使っているとそれだけで勤務時間が短くなり、接客機会が減少する。さらなる問題は時間帯によって客層が大きく変わることだ。一般的には午前中から日中にかけては主婦層や年配層の顧客が多く、夕方以降や休日は会社勤務の女性や学生の比率が高くなる。化粧品は顧客ターゲットの細分化が進んでおり、学生や会社勤務の女性、主婦、シニア女性など顧客層ごとに販売ブランドがある程度固定化している。常に同じ勤務シフトに入っていると、いつも同じ顧客層と接することとなり、幅広い商品知識や技術が身につかない。当事者が考えている以上にその差は大きかった。

一人前になれないリスク

経験不足による懸念はさらにあった。ＢＣは接客だけでなく、発注・検品、売上集計、後輩指導、商品の陳列、店頭での販売促進活動の企画・実施なども担っている。幅広い業務を経験しながら成長し、チーフや担任にキャリアアップしていく。これらの日常業務は店舗により、どの時間帯でこなすかがおよそ決まっている。例えば発注や売上集計などは閉店間際か閉店直後に行われる。後輩指導や販売促進活動の企画といったＢＣ同士のコミュニケーションが必要な業務も、店が開いている時間帯は接客が最優先なので主に閉店後が多い。早番だけではこれらの仕事体験が欠落する。

一般的に能力開発は職場での実体験によってなされる。ある程度は研修や先輩からの言葉による説明で補えはするが、実際の成功や失敗から学ぶことの方がはるかに多く、個人の力になる。案外見過ごされがちだが、体験すべき仕事が欠落していると、社歴に応じて期待される役割を果たせなくなる。

例えば発注業務をみてみる。ＢＣは会社から派遣されてデパートやＧＭＳ（総合スーパー）、化粧品専門店などで働いている。最終的な発注権限は店が持っているが、ＢＣが事実上代行するケースが多く、発注は重要な日常業務だ。通常は経験を積んだＢＣが担当する。その日に売れた商品をただ補充するだけなら、誰でもできる。実際の発注はそれほど単純ではない。化粧品はわずかな天候の変化でも売れ筋が日々変わる。日差しが強い日は紫外線対策を施した商品がよく売れる。日々の気温の上下動が激しい時期は肌の調子が悪くなりがちなのでスキンケア商品の購入者が増える。ほかにもファッションの流行や、本社のマーケティング戦略に基づく重点販売商品など、考慮すべき要素は多数ある。

店頭に無数の商品は並べておけないし、欠品は売上に響く。どの商品をいくつ発注するか。経験と知識、判断力が求められる。最初から適切な発注は誰もできない。何度も成功と失敗を繰り返しながら、コツをつかんで成長していく。ＢＣとしてキャリアアップしていくには当然身につけたいスキルだが、早番にしか入っていない場合、いつまでも発注業務が経験できない。

育児期と成長期の重複

日本人女性の第一子出産平均年齢は約30歳。妊娠期も含めると20代後半から30代前半が仕事と育児の両立期に当たる。もし2人目、3人目を出産すれば両立期は30代後半まで伸びる。仕事上も、この年齢は成長が加速する大切な時期だ。新入社員から若手時代を過ぎ、仕事のやり方を一通り学び、脂がのってくる。職場で責任ある仕事を任されるようになり、仕事のおもしろさややりがいを覚える。いよいよ仕事上で飛躍しようというところで、育児期が訪れる。資生堂はここにも問題意識を持っていた。

人事部人事企画室の上野芳裕は「BCにとって30歳前後は重要な成長期。せっかく育つ時期に早番だけで過ごしてはもったいない。遅番や休日勤務に入ってもらい、キャリアアップや能力アップにつなげたかった」と説明する。特に資生堂は子どもが小学校3年修了時まで育児時間を取得でき、最長約10年間育児時間を取れる。長期間にわたって仕事経験が限定されたままでは人材育成上の問題が大きい。子育て期が終わった後に十分な活躍をしてもらうためにも「育児時間＝早番」の固定化を会社は解消したかった。

資生堂がこれだけBCの能力開発にこだわるのは期待の裏返しでもある。BCのルーツは1933（昭和8）年にさかのぼる。それから80年以上も資生堂化粧品の販売促進活動を担ってきた。毎日何人もの顧客と対面する重要な職務でありながら、資生堂社内でのキャリアパスは長らく、制限されていた。美容部員（現在のBC）出身の山内志津子が1987年に同社初の女性役員に就くなど優秀な人材を登用してきた歴史もあるが、それらは一部の例外的な抜擢人事で、現場で経験を積んだＢＣが本社業務や管理職に就くといった人事コースは多くなかった。長期的なキャリア展望が描けず、働くモチベーションを維持しづらかった。

そんな状況を打破しようと、２００９年10月に会社はＢＣの人事制度を抜本的に見直した。美容の専門職としてその道の技術を極める専門職コースと、売り場に限らず本社・事業所部門で企画・管理を担うマネジメントコースを新設。ＢＣとして現場で一定の経験を積んだ後、希望するキャリアコースを一人ひとりが選択できるようにした。チーフや担任のその先も道も開かれ、昇進・昇格に伴い、今まで以上に収入も伸びる。

専門職コースでは「ビューティートップスペシャリスト」「トップヘア＆メーキャップアーティスト」というトップポストを新設。対外イベントで講師を務めたり「資生堂の顔」としてメディアに登場したりするなど、活動の幅を広げられる。２０１６年時点で2つのトップポストに計13人が就いている。マネジメントコースでは全国の事業所などの単位で美容部長ポストを新設し、約70人のＢＣを登用した。主に本社総合職が就く事業所の営業部長と同格の職位で、事業所長をサポートして化粧品の販売促進戦略を担う。

人事コースの改定は、ＢＣの力をもっと経営に取り入れようとする狙いがある。ＢＣは日々対面販売を担い、顧客の声に直接耳を傾けている。顧客がどんな商品を望んでいるのか。何を改善してほしいと思っているのか。店頭の状況や顧客ニーズをよく知るＢＣが経営や事業の戦略決定に参加しないのはもったいない。売り場で培った顧客に寄り添う姿勢を社内で幅広く活用する目的だ。

入社後の昇進・昇格の速さによってコース選択の時期は一人ひとりで違う。通常の速度だと30歳前後でＢＣはコースの選択を迫れる。会社にすれば将来の可能性が広がるキャリアパスをせっかく準備したのだから、個々のＢＣにもっとキャリアアップに挑んでほしいと考えている。専門職かマネジメント職かの選択をし、次へのステップにつながる時期に子育てを理由に立ち止まってほしくない。

働く側にとっても人事コースの見直しはモチベーションアップにつながっていた。将来のキャリア展望も描けない状態で、遅番や休日勤務に入るようにと会社に要請されていたとしたら、子育て中のＢＣはそれを単なる労働強化と受け止めていたであろう。家族の協力を得るなど個人的な負担増はあっても、その先にやりがいのある仕事やポストがみえていたからこそ、ＢＣも会社の要請を円滑に受け入れた面も見過ごしてはいけない。

短時間勤務者の能力は頭打ちか

短時間勤務者の能力開発の遅れは資生堂ＢＣに限った問題ではない。繰り返しになるが、仕事上の能力開発は仕事経験と強く結びついている。短時間勤務をしている期間は、仕事経験が不足し、成長速度が遅くなるのはやむをえないことでもある。

速度が遅くなっただけなら、いずれフルタイム勤務に復帰し、経験を重ねれば遅れも取り戻せる。ただ最近の研究では短時間勤務中に担当した仕事内容によっては、能力開発の遅れはその後も取りもどせずに、一人前のレベルに達せられないまま終わるリスクが指摘されている。それは法政大学の武石恵美子教授の研究だ。仕事経験を横軸にスキルを縦軸に３本の成長曲線をイメージ図としてまとめている。

一人前になるために必要な仕事経験が各職場や職種にある。短時間勤務中であろうとも、それら仕事をもれなく担当できていれば、通常勤務者よりは遅れるが、いずれは一人前レベルに到達できる（イメージ図の短時間勤務Ａ）。だが成長に重要な仕事が抜けていたり、経験するタイミングを外してしまったりした場合（短時間勤務Ｂ）、一人前レベルに到達するのが難しくなると武石教授は指摘する。

短時間勤務者が一人前になれないリスクを経営者や人事担当者、管理職の多くはまだ気付い

短時間勤務者のスキル形成イメージ

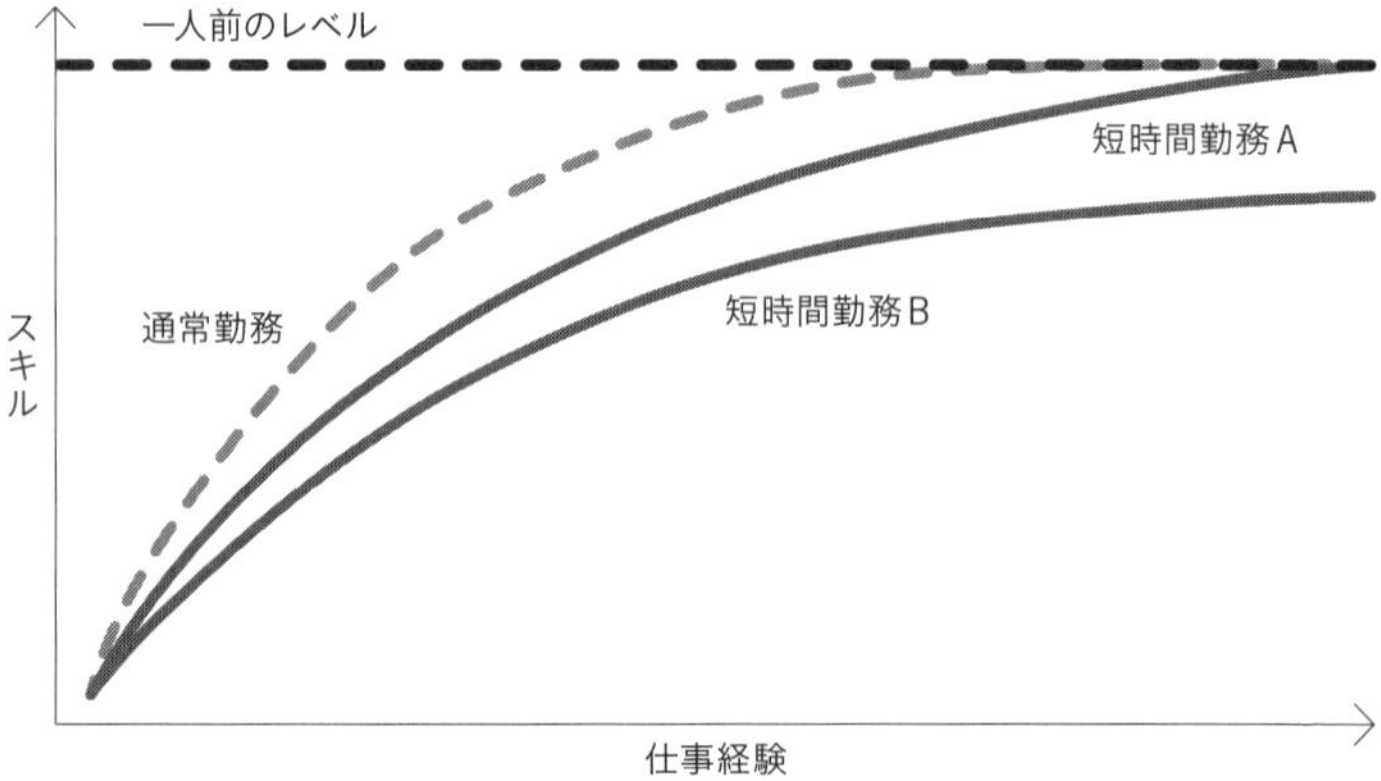

出所：武石恵美子氏の論文から転載

ていない。一時的に仕事を軽減しているが、子育て期を終えてフルタイム勤務に復帰すれば、ほかのフルタイム勤務者と同等の働きができると信じている。2010年に改正育児・介護休業法が施行され、短時間勤務制度の導入が企業に義務づけられてから、短時間勤務を利用する女性社員は増えている。今後会社のなかに短時間勤務経験者が年々積み重なっていく。一人前になれないリスクが企業内で表出するのはこれからだ。

法制度を上回る短時間勤務（育児時間）制度を整備し、短時間勤務者の急増をほかの企業よりも先に経験した資生堂は、そこにいち早く気付いた。育児時間中の働き方にメスを入れ、成長が頭打ちになるリスクを取り除こうとしている。

業種や企業、職種ごとに一人前の社員に求める能力や知識、技能は異なる。大切なのは人事担当者や部署の管理職が、一人前の人材に育つのにどんな仕事経験が必要なのかをしっかり考えて短時間勤務者に業務を割り振ることだ。

子育て中の女性をマミートラックに追いやるのは簡単だ。仕事よりも私生活を優先する社員を「ぶら下がり社員」と呼び、揶揄する風潮がある。子どもを持ちながら働く女性社員が「ぶら下がり社員」化していると、嘆く企業の声もよく聞く。でもそれは必ずしも本人が望んだからではなく、会社の人材育成の無策が「ぶら下がり社員」の増殖につながっていると自覚しなければいけない。

マミートラックを走る社員が増える一方では、企業は生産性の向上を望めない。短時間勤務中の社員に対するマネジメントの優劣は、中長期的に必ず業績に跳ね返ってくる。

第3章

男性の活躍推進

１９９０年代に共働き夫婦世帯数は専業主婦世帯数を逆転し、その差は年々開いている。夫婦がともに働く生活は主流になっているのに、家事・育児といった家庭的責任は今も相変わらず妻が主に担っている。

遅番や休日勤務を２０１４年４月から求められた資生堂のビューティーコンサルタント（ＢＣ）。帰りが遅くなったり、休日も出勤したりするようになったとき、子どもの世話を主に担ったのは夫であった。子育ては各家庭によって価値観が異なるので、資生堂は面談においてＢＣに「ご主人に手伝ってもらってはどうですか？」などとは絶対に言わないように営業部長を指導していた。ただ夫が自らの働き方を見直し、修正しない限りはＢＣの働き方改革は難しいともみていた。

企業において女性活躍を進めるカギは、家庭において〝男性活躍〟を進めることにある。

1 頼るは夫

「働き続けたい」

２０１３年10月。荒川めぐみ（仮名、37）は大阪市内の営業拠点で同僚ＢＣとＤＶＤを視聴していた。毎月一度の定例BCセミナーの開催日。普段はそれぞれの所属店舗で別々に働くBCが会議室に集まり、新商品の特徴や季節のファッショントレンド、最新メーク術などを学ぶ場だ。

その日はいつもと様子が違っていた。「キャリアアップに関する話をします」と説明があり、会社が作成したDVD「仕事と育児の両立　新たなステージへの進化」が会場に流れた。

荒川も働き方の見直しを迫られる該当者の1人だった。「突然のことで、DVDの内容をすぐに理解できなかった」と打ち明ける。11年に長女を出産し、育児休業取得後の12年4月に職場に復帰した。保育園への朝夕の送迎をしやすいように育児時間の利用を申請して、勤務時間を1日2時間短縮した。勤務先の店舗は午前10時から午後9時までと営業時間が長い。ただ荒川は復帰後ずっと早番シフト（午前10時～午後4時45分）のみ。「育児時間利用者は早番に入ると、会社が決めていると思っていた」

実家は遠い。頼るなら夫だ。会社員の夫は残業が多く、帰宅は毎日午後8時前後。土日・祝日は休みなので、これまでも娘の世話を頼み、休日の早番には入っていた。だが平日となれば別問題だ。早番勤務を前提に職場復帰していたので、保育園への朝夕の送迎は荒川の役割だった。セミナーで会社の方針が説明された日、自宅に戻り、夫に「来年4月から遅番にも入らなければいけないみたい」と告げた。その日はそれ以上会話は進まなかった。

セミナーから時間が経つにつれ、ＤＶＤの内容を反芻する余裕ができた。冷静に考えれば会社の要請も理解できる。荒川は大阪・梅田駅に近い化粧品専門店に勤務している。職場に８人のＢＣがいるが、育児時間取得者は荒川１人。ほかの７人が快くカバーしてくれているものの、毎日早く退店するのは後ろめたかった。梅田駅はＪＲ大阪駅と隣接し、ＪＲ線や阪急線、阪神線、地下鉄などいくつもの路線が交差するターミナル駅だ。大阪府内に限らず、京都や兵庫など近隣府県に鉄道が延びている。通勤通学で乗り換える人が多く、店舗は会社帰りの女性らが来店する夕方以降に客足が急増する。店頭が慌ただしくなる頃合いに、接客に追われる同僚を残して退店するのは申し訳ないと感じていた。

月３～５日、遅番に入れた

最初の面談で会社の方針を改めて聞いた。「君の将来キャリアのためでもある」「できる範囲で構わない」。仕事で活躍してほしいという営業部長の期待が伝わってきて、迷いは消えた。家に帰ると夫に「仕事にやりがいを持っている。できれば仕事を続けていきたい。そのためにも遅番に入りたい。月数日で構わないから保育園への迎えをお願い」と初めて切り出した。夫にも勤務先の事情があり、即答は避けた。職場の同僚らに相談したうえで後日、夫は「僕も君に仕事を続けてほしい。事前に遅番の日が分かっているなら、その日は定時で帰宅し、娘の面倒をみる」と協力を約束してくれた。

荒川は２０１４年４月以降、月３〜５日遅番に入っている。遅番は午後２時45分〜午後９時。前月に勤務シフトが分かるので、遅番の日は夫が仕事を早く切り上げて午後６時に娘を保育園に迎えに行く。「セミナーでＤＶＤを見た日は、遅番なんて無理だと思った。でも夫と話し合い、やってみたら案外できる。もちろんほかの同僚と比べれば回数は少なく配慮してもらっている。社歴でみると職場での立場は真ん中より上。これからは後輩の育成にも力を入れていきたい」と前向きに話す。

「ご主人に手伝ってもらってはどうですか」はＮＧワードだが……

個別面談が円滑に進むよう、人事部は「育児環境確認シート」を独自に作成した。男性の営業部長は子育て環境を聞き取るにしても、育児・子育てに関わった経験が乏しく、何を尋ねればよいかも分からない。人事部が確認しておくべき事項をピックアップし、定型文書をつくり、配布した。

ＢＣは書き込める範囲で「育児環境確認シート」に情報を事前に記入し、面談ではそのシートを基に遅番や休日シフトに入るときの対応を営業部長と話し合った。シートには育児休業復帰時期や預け先の保育園概要（開園時間や休園日）、自宅から勤務先への通勤時間といった基本事項に加えて、夫（配偶者）の勤務時間や休日を書き込む欄をあえて設けた。プライベートな情報なので書き込むか否かは任意にしたが、ＢＣの働き方改革の成否は夫の協力がカギだと会社も最初から認識していた。

2 なぜ妻ばかりが制度を使うのか

夫不在の賛否両論

当時執行役員だった関根近子（現資生堂顧問）は、育児時間に限らず会社の子育て支援策をなぜ女性ばかりが利用するのかに疑問を持っていた。「各家庭の考え方もあるだろう。でも子育ては本来夫婦が共同して担うものだと私は思う。なぜ夫は勤務先の育児休業や短時間勤務を取ろうとしないのか。育児は母親の役割が欠かせない部分もあるが、家事や保育園への送迎など夫ができることもたくさんある。子育て支援制度は女性が使うものと社会全体が決めつけていないか」と話す。

序章でも触れたとおり、NHKテレビの情報番組「おはよう日本」が2015年11月に「資生堂ショック」を取り上げて以降、ネットを中心に賛否両論が激しく行き交った。大半は「子育て中の社員に冷たい」「女性を敵に回した」などと資生堂の姿勢を批判する意見だ。当時の批判を改めて見直すと、気付くことがある。それはBCの夫に関するコメントがほとんどみられなかったことだ。これまで早番だけの勤務を黙認してきたのに、突然原点回帰で遅番や休日勤務を要請した資生堂に怒りの矛先が向かうのも理解できる。ただ会社側の要請は月1日でも構わないからできる範囲で遅番や休日勤務に入るように――ということ。各家庭の事情があり、一律に強制はできないにしろ、夫が月1日でも定時退社し、保育園に子どもを迎えにいけば対処できるレベルだ。夫婦の家事・育児分担のあり方について問題提起する動きが広がってもよかったのではないかと思う。

数少ない例外的な反応はNPO法人「ファザーリング・ジャパン」が12月9日に東京都内で開催した緊急フォーラム「資生堂ショックに考える――日本企業の働き方改革　女性活躍を超えて」であろう。急きょ、企画されたイベントながら、定員120人はすぐに埋まり、当日はワーキングマザー&ファザー、企業の人事担当者らが多数参加した。安藤哲也代表理事はフォーラムの開催意図を「資生堂ショックは女性だけの問題ではなく、父親たちも主体的に関わろうと考えた」と当日の挨拶で説明した。有識者が参加したパネルディスカッションでは、男性を含めた企業の働き方改革の重要性などが話題に上った。

仕事と子育ての両立問題は本来、夫婦とそれぞれの勤務先の4者が当事者であるはずだ。なのに日本でこの議論をするときは、妻とその勤務先の2者しか主に登場しない。夫とその勤務先は舞台の袖で素知らぬ顔を決めつけている印象だ。子育てに熱心な「イクメン」がようやく話題となって変化の兆しもあるが、子育ては妻が責任を負うもので仕事との両立は妻とその勤務先の両者で解決する問題だという考え方が根強く残る。夫不在で白熱した「資生堂ショック」の議論は、日本社会の構造的な問題を浮き彫りにした。

男性社員にも家事・育児参画を促す

家事・育児は女性が担うもの――とする意識は働く女性にもある。資生堂の働き方改革の個別面談で営業部長は「家に帰ってご主人や家族と相談してはどうですか?」とよく伝えたという。他人の家庭に介入はできず、夫の協力を営業部長がＢＣに直接要請しないようにと指導していた。ただ面談をしてみると、夫の気持ちや意思が分からないままに面談に臨むＢＣが少なくなかった。1人ですべてに対応しようとしても、選択肢はあまりに少ない。話し合いはすぐに煮詰まってしまう。将来どんな仕事をしたいのか。将来キャリアについて夫婦間で意外とコミュニケーションが取れていなかった。

関根は「何かしらの夢ややりがいを持って仕事に就いているはず。それを実現するために夫に協力してもらわなければいけないこともある。BCの仕事でお客さまに貢献したい、職場の同僚に迷惑はかけたくないと思っているなら、一度家庭で話し合ってほしい。そんなメッセージも働き方改革には込めている」と説明する。

資生堂自体は2000年代半ばから自社の男性社員を対象に家事・育児参画を促す施策を積極的に打っている。女性活躍推進に長年取り組んできて、男性が変わらなければ社会全体の女性活躍が進まないという問題意識を持っていたからだ。2005年に導入した短期間育児休業制度もその1つ。育児休業中はどの企業も原則無給だが、資生堂は2週間を上限に休業者に給料を支給することにした。狙いは男性社員の育児休業取得だ。男性が世帯収入の主な担い手となっている世帯は多い。そのため収入が途絶えると家計への影響が大きいため、育児休業を取りたくとも男性は取りづらいといわれていた。わずか2週間でも、初期段階で赤ちゃんと接すると、それが呼び水となり、継続的に子育てに関わるだろうと期待した。現在同様の給与補塡制度を持つ企業はいくつもある。その先駆けが資生堂だ。

男性の育児参加を応援したい会社の気持ちは男性社員に届いた。1990年に育児休業制度をつくって以来、男性の育児休業取得者はゼロだったが、制度の導入をきっかけに年間10人以上の男性が育児休業を取るようになったという。ほかにも「父親のワークライフバランス塾」を開くなど、その後も男性社員の家事・育児参画促進に力を注いでいる。

男性社員の妻が他社に勤めている夫婦も当然多い、その場合、自社に直接のメリットはないが、CSR（企業の社会的責任）の観点から男性の家事・育児参画を応援し続けている。社会全体を変えるのは容易ではないが、自社から始められることがあるなら実行しようという資生堂の経営哲学だ。

家事・育児の負担が女性に偏っている現状は、女性活躍を進めるために解決しなければいけない課題だ。6歳未満の子どもを持つ夫の1日当たり家事・育児時間は日本では1時間7分。スウェーデン3時間21分、ドイツ3時間、米国2時間58分と比較し、先進諸国のなかで著しく短い。この数字は専業主婦世帯を含んでいるが、共働き世帯だけを抜き出しても状況は変わらない。共働き夫婦の妻が1日平均6時間8分を家事・育児に費やしているのに夫は1時間10分間で、およそ5倍の開きがある。

6歳未満の子どもを持つ夫の家事・育児関連時間

（1日当たり、国際比較）

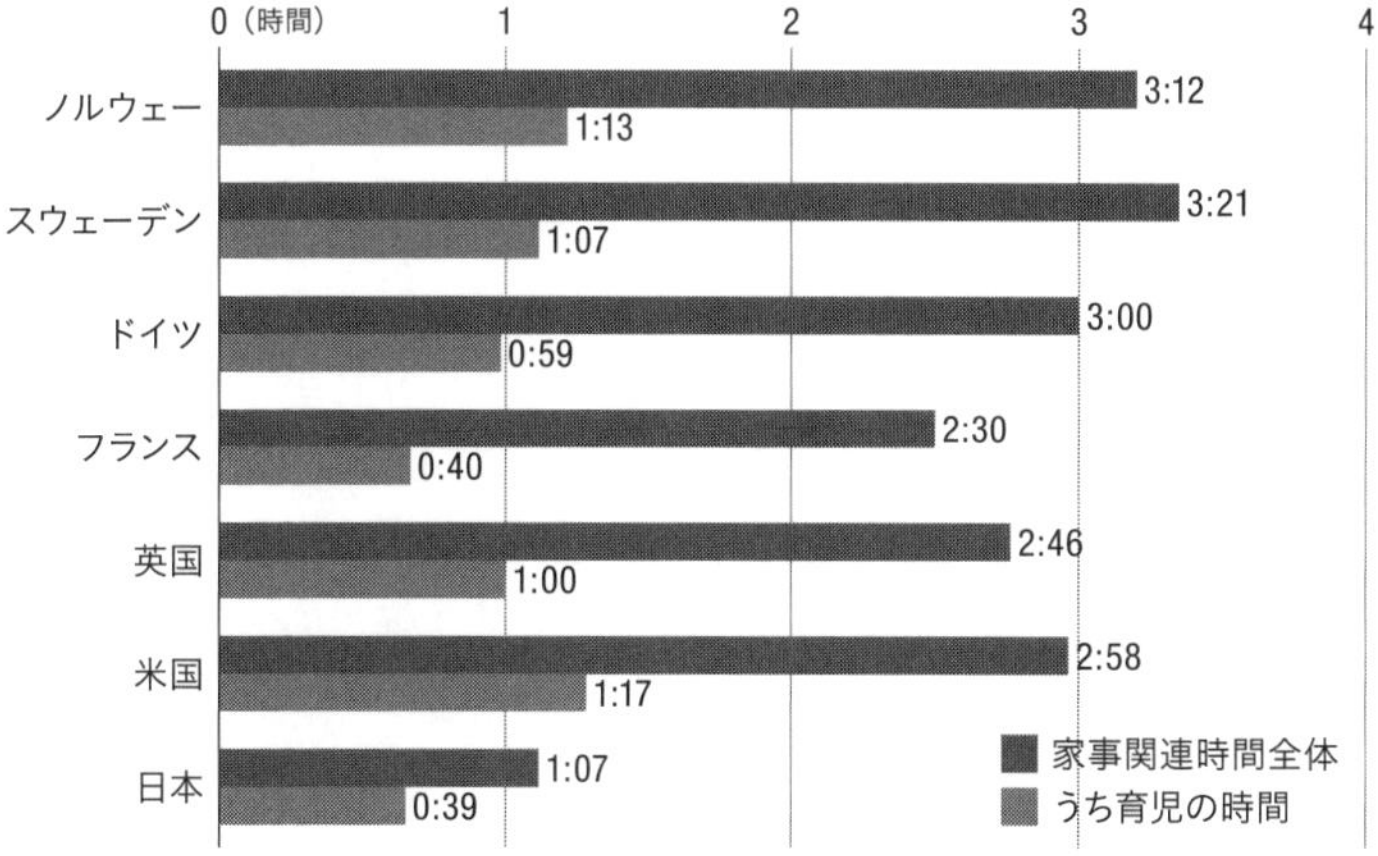

出所：内閣府「男女共同参画白書 2015年版」

女性が職場と家庭の両方でフル回転の活躍を期待されている状況は「セカンド・シフト」と呼ばれている。米国の社会学者アーリー・ホックシールドが１９８０年代の米国の家庭環境を分析し、命名した。当時は米国も労働市場への女性の進出が遅れていた。伝統的な家族観が根強く、仕事に就いた妻は勤務先で働いた後、自宅に帰ってから家事・育児を担った。その傍で夫は手を借さずに、ビールでも飲みながら１日の仕事の疲れをいやしていた。妻にとってあたかも家庭が２つ目の職場で、１日に２つの勤務シフトをこなしているかのようなので「セカンド・シフト」と名付けた。それから30年。米国では家庭内の夫婦の役割分担が見直され、先の統計で示すとおり、男性も家事・育児を担うようになっている。夫婦で補いきれない部分は積極的に家事代行サービスなどを活用して、妻が外で働ける環境を整えてきた。その結果が女性管理職比率の高さなどにつながっている。

戦後長らく日本は専業主婦世帯が主流派だった。1980年の専業主婦世帯は1114万世帯に上り、共働き世帯614万世帯のほぼ2倍だった。その後差は縮まり、1997年に逆転し、2014年は共働き世帯1077万世帯に対して専業主婦世帯は720万世帯にとどまる。これだけ共働きが広がっているのに家事・育児の夫婦間負担はなかなか変わらない。「残業が常態化している男性は疲れている」と夫を擁護する意見もある。ただ妻が家庭で家事・育児を担っている時間を加えれば、妻も夫並みか、それ以上に家庭内外で〝長時間労働〟をこなしている。セカンド・シフトを完璧にこなせるスーパーウーマンはどこにもいない。企業での女性活躍推進を実現したいなら、家庭における男性の活躍推進も同時に進める必要がある。

子育て支援に熱心な企業ほど、女性が活躍しにくくなる？

夫婦間の仕事と家事・育児の分担がアンバランスな社会だと、子育て支援に熱心な企業ほど何もしない企業より損をする不条理な現象も起こる。

夫の家事・育児協力が期待できない分、妻は勤務先の子育て支援をできる限り使って穴埋めしようとする。妻が制度を使えば使うほど夫は仕事に集中しやすくなり、妻は仕事との接点がさらに薄くなる。企業からすると、女性活躍を進めるために子育て支援策を整えるほど自社の女性の活躍が進まないというジレンマに陥る。よかれと思って打った施策が期待に反する結果を呼び起こす、経済学でいうところの「逆選択」が起きている。逆選択が起きる社会構造を変革しないと、企業は積極的に子育て支援をしたがらない。

かつて、子育て支援が充実した企業の人事担当者から、以下のような嘆きを聞いた。会社が将来を嘱望していた女性総合職が出産した。辞められては困るので、会社の子育て支援を隅々まで手ほどきし、彼女が制度をフル活用するのを職場の管理職や同僚も全力で支えた。子どもが小学校に入学するまで利用可能な短時間勤務も期限ギリギリまで取った。子育て期が終わり、いよいよフルタイム勤務に復帰する段階になって彼女は退職届を出した。別の大手企業に勤務する夫の海外赴任が決まり、ついていくという。

退職するとき、彼女は「私が会社の子育て支援策を使ったことで、夫は残業もできて仕事に全力投球できた。おかげさまで海外赴任のチャンスをつかめました」と挨拶した。それは職場の管理職や同僚への感謝の気持ちのつもりだったのであろう。だがそれを聞いた管理職は納得できなかった。人事担当者に「個人の選択をどうこう言えないが、いずれフルタイム勤務に戻り、活躍してくれると信じたからこそ子育て期の彼女の仕事を職場全体でカバーしていた。結構無理をして支えてきた同僚らはモチベーションが下がっている。結果だけみると、最も利益を得たのは夫の勤務先じゃないか」と不満を伝えてきたという。

夫婦間の調整をフォローする

夫婦間の問題に会社が介入するのは難しい。ただ黙認できるレベルを超えたため、対策を打つ企業も出始めている。以前ある大手企業の夫婦同伴型育児休業復帰セミナーを見学した。復帰後について会社の制度や働き方の心得を指南する集合研修を開く企業はほかにもあるが、このセミナーがユニークなのは夫婦同伴を推奨していたことだ。職場結婚していて夫婦ともにその会社の社員であるケースもあった。だがなかには妻はその会社の社員だが、夫は別の会社に勤務する夫婦も参加していた。

セミナーでは夫婦それぞれが今後のライフプラン、キャリアプランを未来年表に書き込む。「40歳で職場リーダーになる」「30代のうちに海外赴任をする」「30代前半で2人目を出産」「40代で自宅を購入」といった具合だ。年表には子どもがいつ何歳になり、就学・進学するかも記入する。夫婦間で互いの将来展望を共有したら、次にそれを実現するために夫婦でどんな協力が必要かを話し合う。ワークショップを通じて、妻が仕事と子育てを両立できるように夫に意識改革と具体的なサポートを促すのが、研修の狙いだ。別の会社に勤務しているという夫は「妻の会社での立場を初めて知った。子どもが生まれてから生活スタイルが一変し、夫婦でゆっくり話す時間がなかったので、妻の仕事への思いを知る貴重な機会になった」と話していた。

資生堂のBCが自分のキャリアについてあまり夫に話していなかったように共働き夫婦も案外仕事について意思疎通ができていないのかもしれない。特に出産直後は子育てに追われる。復帰後の働き方、サポート体制を夫婦間で話し合う機会を持つことは仕事と子育てを両立するために有効だ。

ほかの大手企業では育児休業からの復帰前面談で、万一の場合のサポート体制をどう整えているかを事細かく確認し、夫婦間の調整をそれとなく促す手法を採っていた。日常の保育園の送迎、子どもが急病になったときの対応、出張や残業が必要になったらどうするか。具体的なケースを挙げて詳しく尋ねるのがポイントだと担当者は教えてくれた。復帰前面談で当事者に圧力を感じさせずに気付きを促すための駆け引きは慣れが必要で、その会社では当事者とその上司のほか、人事部の両立支援担当者も加わり、三者面談方式を取っている。ほとんどの場合、復職後も妻1人か、実家の助けを借りて乗り切れると漠然と考えている程度だという。様々な事態を想定してシミュレーションを繰り返すと、夫の協力なくしてすべてに対応しきれないと妻も気付く。実際にその状況が起きたときにどう対処するかは別問題。夫婦間で話し合う機会を持ってもらい夫に当事者意識を芽生えさせるのが目的だという。

仕事優先の生活を送っている男性も、それが自らの希望とは限らない。内閣府「男女共同参画社会に関する世論調査」（2012年10月調査）は、仕事と生活の調査に関して希望と現実を尋ねている。「仕事を優先したい」男性は16・8％だが、実際は37・7％が「仕事を優先している」と答えており、希望と現実に開きがある。希望では「仕事と家庭生活をともに優先したい」31・4％が最も多いが、現実に「仕事と家庭生活を優先している」は22・3％にとどまる。逆に女性は「仕事と家庭生活をともに優先したい」が29・7％に対して、現実に「仕事と家庭生活をともに優先している」は20・0％にすぎない。現実に「家庭生活を優先している」女性は45・3％も占めるが、希望として「家庭生活を優先したい」は33・6％だ。男女ともに仕事や家庭などについて理想と現実のギャップを埋められれば、企業における女性活躍は今よりも進むはずだ。

仕事と生活の調査に関する希望と現実

男性

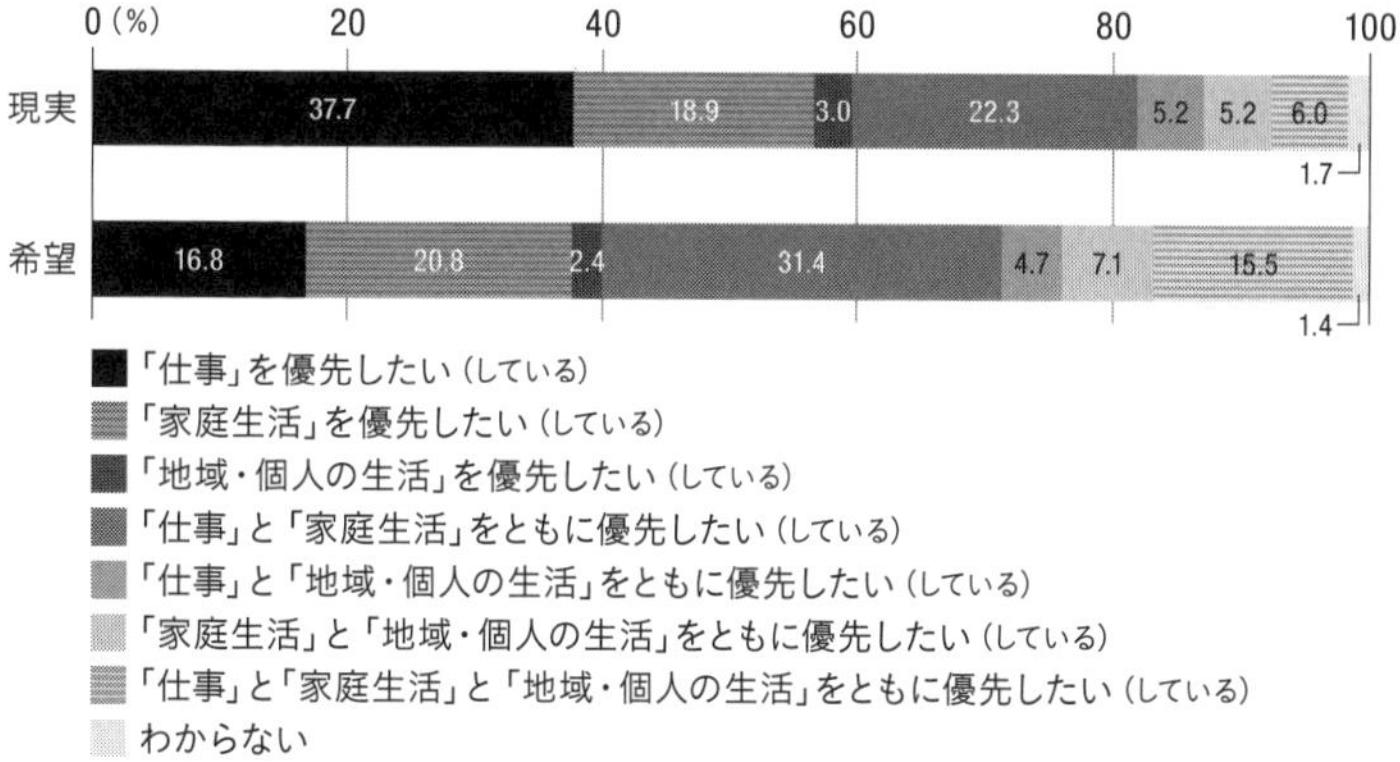

女性

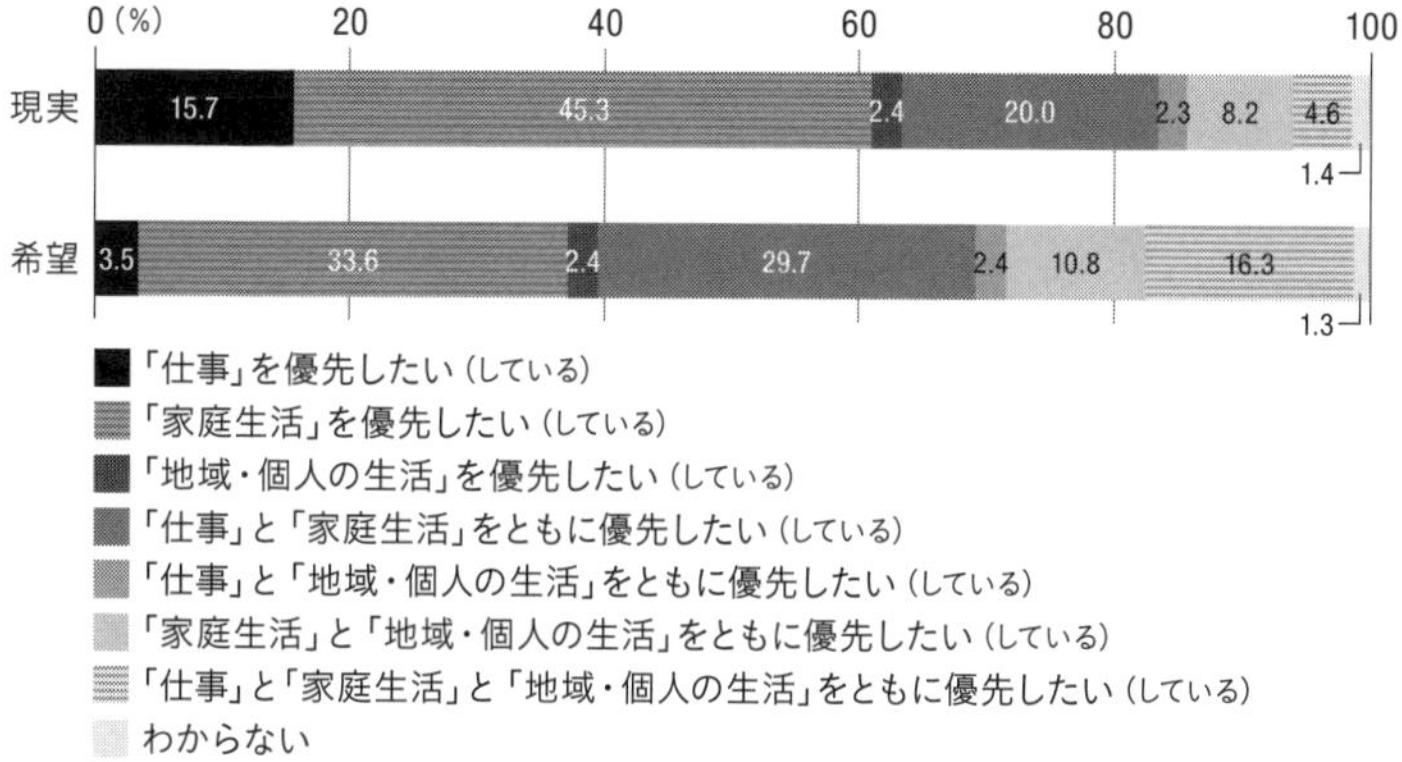

出所：内閣府「男女共同参画社会に関する世論調査、2012年10月調査、
回答＝男性1,432人、女性1,601人

長時間労働の是正がカギ

どうすれば夫の家事・育児参加が進むのか。解決の糸口は長時間労働の是正だ。もし男性が定時退社できるようになれば子どもの保育園への迎えもこなせる。BCの働き方改革をならい、週1日でもいいから夫が定時退社して家事・育児から妻を解放すれば、その日に妻は仕事に集中することも可能だ。

夫の就業時間が長くなるほど妻が短時間勤務を希望する割合が高くなるという調査結果もある。三菱UFJリサーチ&コンサルティングの2008年「両立支援に係る諸問題に関する総合的調査」は、子育て期の女性に希望する働き方を尋ねている。夫・パートナーの1週間当たりの就業時間別に回答結果をみてみると、「週35時間未満」では「始・終業時間が一定の通常勤務」が最も多く58・5%を占め、「短時間勤務・短日勤務」が22%で2番目に多い(短日勤務とは1日の勤務時間は通常と同じ長さだが、週4日勤務など勤務日数を減らす働き方のこと)。夫・パートナーの就業時間が長くなるにつれ、「短時間勤務・短日勤務」希望が増え、「週60時間以上70時間未満」で「通常勤務」希望と順位が入れ替わる。一般的な企業の週の所定労働時間は40時間だから、もし夫・パートナーが残業をせずに定時退社できるのならば、短時間労働を選ぶ女性が今より減ると見込まれる。

夫の就労時間と妻の働き方

配偶者・パートナーの就業時間別「現在希望する」勤務形態

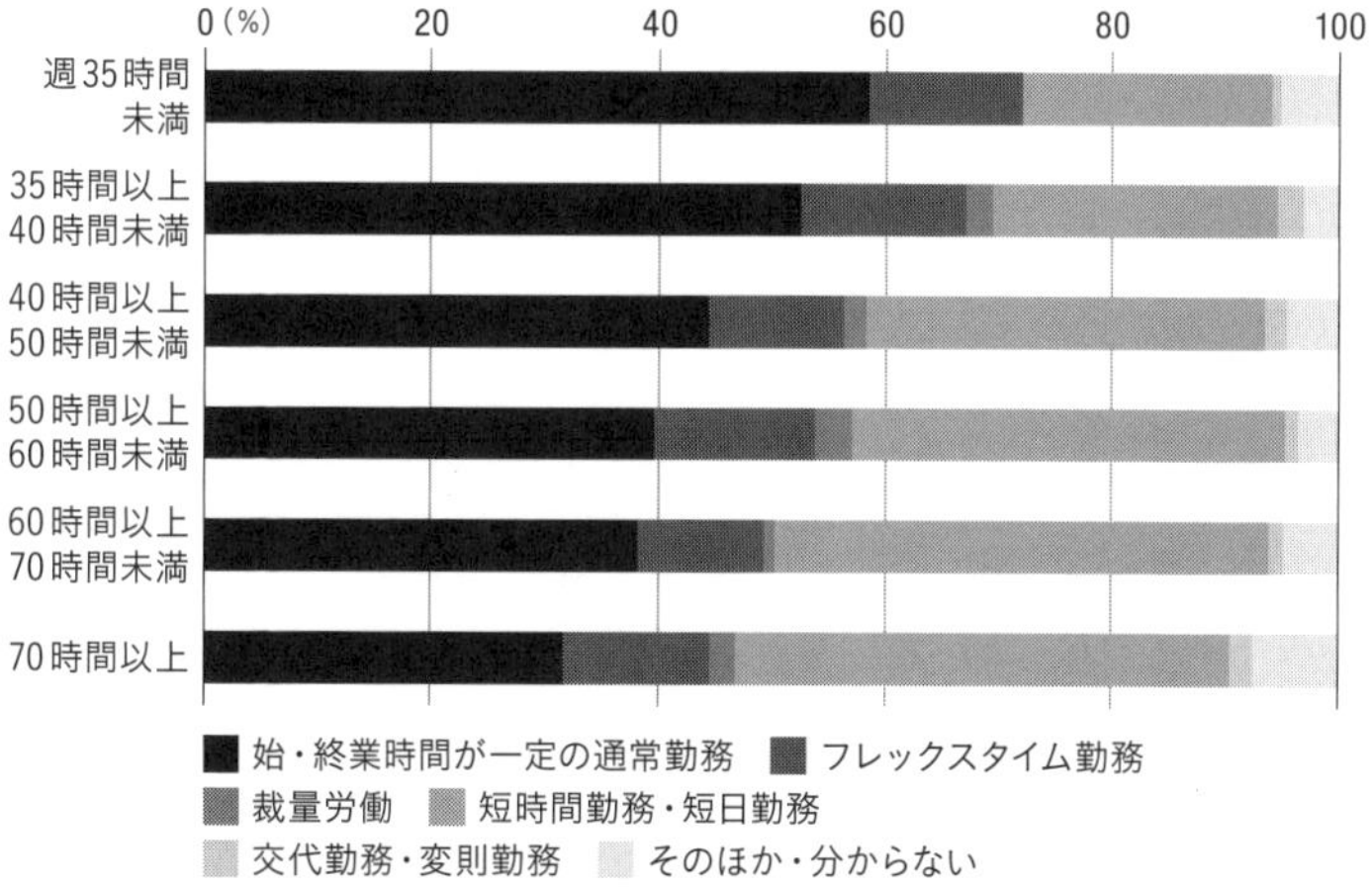

出所：2008年「両立支援に係る諸問題に関する総合的調査」（三菱 UFJ リサーチ＆コンサルティング）

政府も長時間労働の是正に向けて動き始めている。安倍晋三首相は２０１５年秋、少子高齢化の構造的な問題を解決するために「一億総活躍社会」の実現を目指すと表明した。50年後も人口１億人を維持し、一人ひとりが家庭や職場や地域などで生きがいを持って充実した生活を送れるようにする構想だ。有識者らを集めて「一億総活躍国民会議」を立ち上げ、その実現に向けて具体的なプランを検討している。２０１６年3月下旬に開催した会議の場で安倍首相は「長時間労働は仕事と子育ての両立を困難にし、少子化や女性活躍を阻む原因になっている」と指摘し、「法規制の執行を早急に強化する」と語った。労働基準監督署は現在1カ月の残業時間が100時間を超える事業所に立ち入り調査をしているが、厚生労働省はこの基準を月80時間超に変えた。

長時間労働の見直しは職場でも働く女性に恩恵をもたらす。長時間労働が常態化している職場は残業を前提に社員に業務が割り振られており、事実上1日8時間勤務では〝1人前〟の仕事をこなせない。家事育児など家庭責任を男性より重く負わざるを得ない女性は残業がしにくいために職場で不利な立場にある。もし長時間労働が見直され、誰も1日8時間の所定労働時間内で仕事をこなすように要請されれば、女性は今よりも男性と互角に仕事ができる。

短時間勤務を利用するワーキングマザーに話を聞いてみると、彼女たち全員が必ずしも1日6時間の勤務を望んでいないと分かる。そこまで仕事を軽減しなくても、子育てと仕事は両立できると感じている女性は多い。ただ短時間勤務を返上し、フルタイム勤務にもどしたら、長時間労働が常態化している職場は残業を前提とした働き方を求められる。それが職場の標準であるからだ。つまり一部のワーキングマザーは残業を避けるために短時間勤務を利用しているのであり、1日8時間勤務が無理なく実現できるなら短時間勤務を取得する女性社員は今よりも減らせる。

大卒以上主婦の3割強が「やむなく主婦に」

経済協力開発機構（OECD）調査によると、日本の大卒以上女性の就業率は69％でOECD平均80％を大きく下回る。男性は91％で同平均を上回っており、男女格差が大きい。学歴と個人の能力は必ずしも一致しないが、OECDは「日本は女性を中心に人材が有効活用できていない」と分析する。その背景にあるのも男女の役割分担意識だ。

日本経済新聞は2016年3月、大卒以上の主婦1000人（20～40代）にインターネットを使って意識調査を実施した。全体のうち328人は「やむなく主婦になった」と回答し、このうち107人は仕事と家事・育児の両立困難が仕事を辞める引き金になったとしている。その具体的な理由を複数回答で尋ねると「夫と家事・育児の分担ができなかった」37％が最も多く、「自分が家事・育児を十分に担えないことがつらかった」35％、「仕事の量・内容が重かった」33％と続く。働きたい気持ちがあるのに働けない社会はどこかいびつだ。まして生産年齢人口が減少していく状況で、働く意思を持つ人材は少しも無駄にできないはずだ。国やすべての企業を挙げて家庭における男性活躍を進めないと女性活躍推進は掛け声だけに終わりかねない。

個別企業も、もっと自社の男性社員の家事・育児参加を応援すべきかもしれない。仕事と子育ての両立を経験したことでタイムマネジメント能力が身について仕事の生産性が上がったと話すワーキングマザーは多い。たぶん男性も同じ立場に置かれれば時間を有意義に使うようになるだろう。男性社員を職場に縛り付けておくよりも、職場に利益をもたらす可能性はある。

ＩＴ関連企業サイボウズの青野慶久社長はイクメンで知られている。3児のパパであり、子どもが生まれたとき、社長でありながら育児休業を取っている。最初はさすがに躊躇したという。様々な事業やプロジェクトの方向性を決めてきた自分が不在になって、会社がうまく回るのかが不安だった。だが実際に休んでみたら、全くの杞憂だった。むしろいつも判断を仰いでいた社長がいなくなったことで、一人ひとりの自覚が高まり、育児休業から戻ってきてみたら、部下が一皮むけて頼もしく成長していたという。

仕事を誰かに任せることは、任された人の成長につながる。かつて米国のアパレル企業パタゴニア社（カリフォルニア州）の子育て支援策を現地で取材した。同社は育児休業に関して独自のルールを持っていた。誰かが育児休業を取得するとき、その下の部下が仕事を肩代わりする。そしてその部下の仕事はさらに下の部下が肩代わりする。分かりやすく具体例を示すと、部長が育児休業を取ると課長がその仕事を肩代わりし、課長が担当していた仕事は係長が担い、係長の仕事は年配の平社員が担う……といった具合だ。最終的に若手平社員の仕事はアルバイトが担うそうだ。代替要員を確保するユニークな施策だが、その狙いは仕事をただ穴埋めするだけでなく、１つ上の仕事を経験させ、能力開発につなげる意図もあるという。

「この仕事は自分しかできない」と信じ込んでいる男性社員を職場から解放すると、同僚や後輩の成長が促され、職場全体の生産性も向上するかもしれない。企業は男性社員の家事・育児参加を支援するメリットを再検討してみてもいいだろう。

関根はＢＣの働き方改革が「資生堂ショック」と名付けられ、子育て女性を冷遇する取り組みであるかのように社会に受け止められてしまったことを残念に思っている。家庭で男性も育児を担う努力をしてほしい――働き方改革には、男性へのそんなメッセージを込めたつもりだったからだ。

「家庭のなかで家事・育児分担をちゃんと話し合っているのか。夫の協力を得る努力をしているのか。これから先、日本企業は女性活躍を本気で推進していくためには避けて通れない課題だ」と関根は強調する。

第4章

経営戦略上のBCの位置づけ

店頭に立つビューティーコンサルタント（ＢＣ）は顧客にとっては資生堂の顔であり、会社の売上高を左右する重要な存在でもある。伝統的に資生堂は高付加価値・高機能の高価格帯化粧品に強みを持つ。こうした化粧品はその機能と使い方を分かりやすく正確に顧客に伝えないと販売は伸びない。日々利益をもたらすＢＣを社内では〝金の卵〟にたとえる向きもある。一般的に女性活躍はただやみくもに進めても効果は薄い。企業の利益につながるように自社の経営環境や戦略に合致した方策を練ることが大切だ。

デパートや化粧品専門店などで対面販売を担う美容部員制度は多くの化粧品会社が採用しているが、美容部員によるカウンセリング販売方式を日本でいち早く採用したのは資生堂だった。美容部員制度は会社の成長を長年支えてきた。それはコンビニエンスストアやディスカウントショップ、ネット通販など新たな流通経路が急拡大し、美容部員の助言に頼らずにネット上の口コミ情報を基に自ら化粧品を選ぶ人が増えてきた今も変わらない。むしろ販売ルートが多様化しているなかで、資生堂は自社の原点に立ち返り、２０００年代半ば以降、ＢＣの活動革新に力を入れている。２０１４年春の働き方改革もその一環だ。彼女たちが力を存分に発揮できる環境をいかに整えるかは、資生堂にとって重要な経営戦略に位置づけられている。

1 BCの活動革新

関西弁で営業サイド説得

ビューティーコンサルタント（BC）が仕事と子育てを両立しやすくなるように2007年にカンガルースタッフ制度を導入した。企業の子育て支援は、とかくCSR（企業の社会的責任）活動の側面が注目される。ただCSR活動に熱心な資生堂にあっても、女性活躍推進は会社の将来を見据えて辿り着いた経営戦略の側面を見過ごしてはいけない。05年に社長に就任した前田新造が指揮した「BCの活動革新」にその原点がうかがえる。

「例えば君らの娘や妻が一生懸命に仕事をしてきたのに妊娠を報告した瞬間にその会社の上司が『いつまで仕事を続けるつもりだ』と嫌な顔をされたら、どう思うんや？」。2006年、前田は会議室で声を張り上げた。カンガルースタッフ制度の導入を巡る議論が大詰めを迎えていた。営業サイドは「育児時間取得者が増えては売上が落ちる」「パートやアルバイトではBCの業務を補えない」などと理由を並べて、首を縦に振らない。大阪出身の前田は議論が白熱すると標準語が関西弁に切り替わる。この日も最後は関西弁で反対論を封じ、制度導入を決定した。

営業サイドの懸念も理解できる。このころ育児時間を使っていたBCは年間200人強。BC全体1万人のなかではごくわずかだ。代替要員を売り場に配置するカンガルースタッフ制度ができれば、育児時間の制度利用者は確実に増える。しかも朝夕の保育園への送迎を考えれば、多くは早番を希望するだろう。BCが働くデパートや化粧品専門店、GMS（総合スーパー）などは平日夕方以降や休日がかき入れ時だ。来店者の多い時間帯にBCを厚く配置できなければ売上に響く。

代替要員を配置するとしても、売上高が落ちるリスクのある施策をデパートやGMSなどの売り場責任者、化粧品専門店のオーナーがどう受け止めるか。多くの店舗では同業他社も売り場を並べて美容部員が化粧品を販売している。接客が手薄になれば隣接するライバルメーカーに顧客を奪われるかもしれない。仕事と子育てを両立しやすくするためだと正論を突きつけられても、最後に売上責任を問われるのは現場の営業社員だ。売上減少リスクのある施策には慎重にならざるを得ない。

反対を封じ込めた前田も「BCが気の毒」といった同情論で子育て支援を拡充したわけではない。2005年6月に社長に就いた前田は、資生堂を今後どう成長させていくかを模索して

売上と営業利益の推移

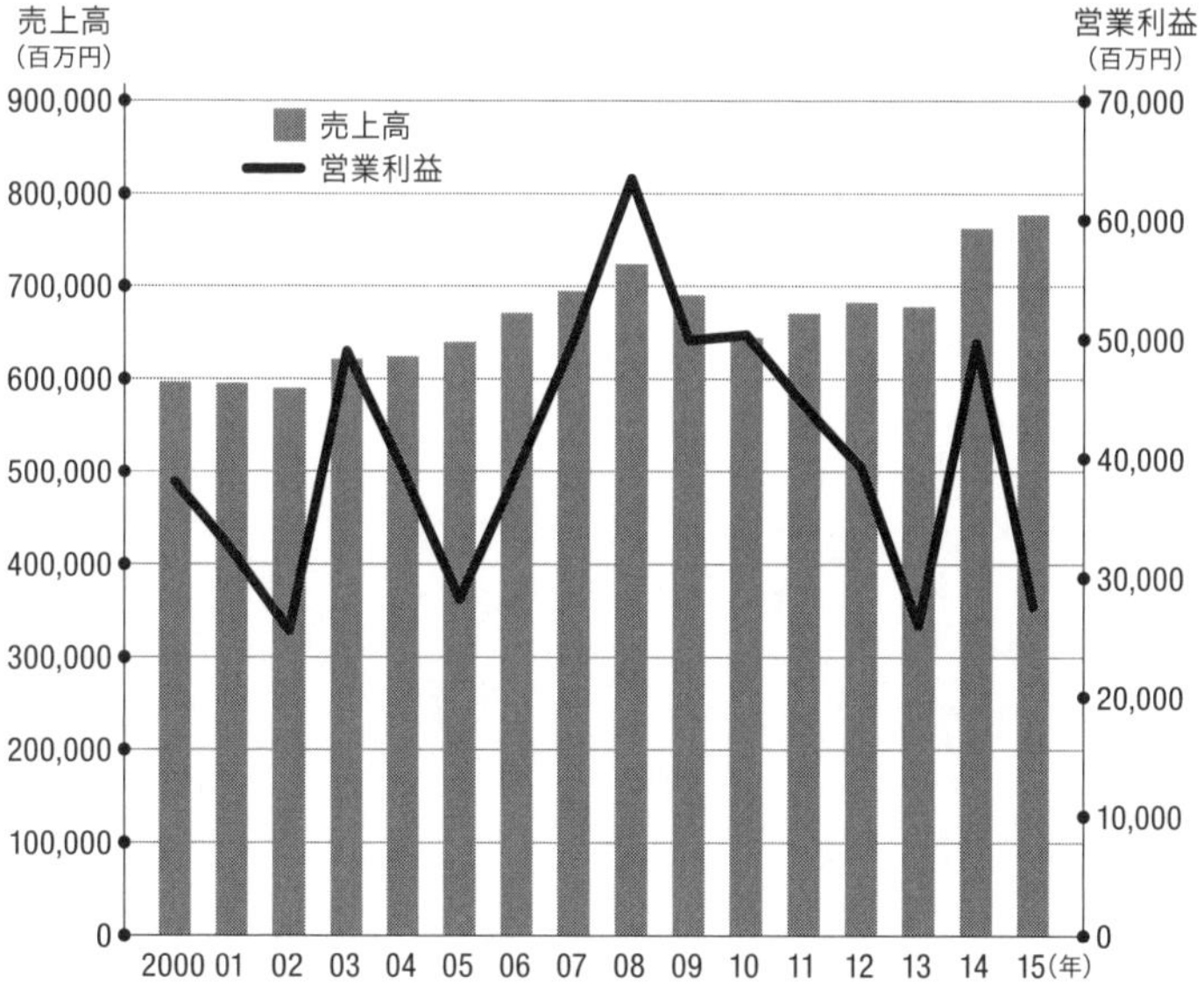

いた。

「会社を壊してつくり直す」

社長就任時、前田は57歳、前任社長の池田守男は68歳。スピード感を持って経営改革を進めるための若返り人事だった。2年前に取締役執行役員に昇格したばかりで、末席役員からの登用は当時世間を騒がせた。経営企画部長として池田を支え、経営3カ年計画（2005～07年度）を立案した。その過程での適切で迅速な判断力が評価され、抜擢された。

前田は就任直後から「一旦会社を壊してつくり直す」と社内外で繰り返し

た。それは過剰な表現ではない。戦後長らく資生堂の成長を支えてきたビジネスモデルは綻び始めていた。営業黒字は続けていたが、従前の戦略は社会制度や流通システムの変化に追いついていなかった。旧弊を廃し、再び成長軌道に乗せる。それが前田に課せられたミッションだった。

そのなかで辿り着いた戦略の1つが「BCの活動革新」だ。コンビニエンスストアやネット通販などが広がり、美容部員を介さずとも化粧品が買えるようになっていた。だが今一度原点回帰してBCによる店頭活動を強化して、顧客との強い絆を築き、企業価値を高めようと考えた。

どうすればBCのモチベーションが上がり、その力を最大限引き出せるか。人事制度や職場環境などをゼロから見直した。カンガルースタッフの導入は活動革新の一部でしかない。

2 同業他社もまねた資生堂モデル

銀座に洋風薬局を創業

資生堂は1872（明治5）年に日本初の洋風調剤薬局として東京・銀座で開業した。日本はようやく近代化に向けて歩み始めたころで、薬も漢方が主流の時代だ。西洋の薬品も舶来品として日本に入っていたが、市中には中身を偽った粗悪品が数多く出回っていた。創業者・福原有信は海軍病院の薬局長を務めていたころ、そんな社会状況を憂い、良質な西洋薬品を日本に普及するために自ら洋風調剤薬局をつくった。

創生期は薬局が事業の柱だった。福原有信の信念に基づき品質の良い高価格な薬を扱っていたので売上が伸びずに経営に苦労したといわれている。やがて「高くても良いものを」とする経営理念は人々に受け入れられ、資生堂ブランドが確立してくる。高品質、先進性、本物志向は今の資生堂化粧品にもつながる伝統理念だ。

転機は1897(明治30)年に訪れる。化粧水「オイデルミン」を開発・発売し、初めて化粧品業界へ進出する。オイデルミンの処方は、東京帝国大学の長井長義教授の研究に基づいていた。今日の化粧品業界からみれば安全性を重視し、科学的な知見に基づき製品をつくるのは当たり前だが、当時はまだ化粧品産業の黎明期だ。そんな時代から資生堂は薬品同様に科学的で高品質な商品開発にこだわった。オイデルミンは発売から100年以上経った今も改良を重ねて販売しているロングセラー商品となっている。

1916(大正5)年に調剤薬局部門から化粧品を切り離し、従来店と道を挟んで化粧品の専門販売店舗を開業する。1917(大正6)年に本格的香水「花椿」を発売し、翌年には基礎化粧品「コールドクリーム」を発売し、調剤薬局から化粧品の製造販売へと事業転換が本格化する。ただ化粧品メーカーとして当初から事業が順調だったわけではない。高品質な化粧品は高い評価を得ていたものの、化粧品市場が未成熟で、企業規模は大きくなかった。

現在資生堂は化粧品国内市場をリードし、年間売上高8000億円に迫る。戦後の復興と高度経済成長の歩みに合わせて資生堂は躍進を遂げて今日の地位を築いた。成長の原動力はチェインストア制度と美容部員という2つの仕組みだ(チェインストアは一般的にチェーンストアと呼ばれるが、本書では資生堂社内の制度については、チェインストアと表記する)。今でこそ、この2つは化粧品業界で主流のシステムとなっている。化粧品専門店や薬局・薬店、デパートなどとチェインストア契約を結んで全国に販売会社による販売網を築き、その店頭に美容部員を派遣して販売促進に努める。資生堂は、このビジネスモデルを考え、同業他社に先駆けて導入したといわれる。これにより同業他社との競争を有利に進めて化粧品トップ企業に上りつめた。

美容部員のルーツ「ミス・シセイドウ」

美容部員のルーツは１９３３（昭和８）年に採用した「ミス・シセイドウ」にさかのぼる。新聞で「良家の子女求む」と求人広告を打ち、およそ２５０人の応募者から９人の若い女性が第１期生として入社した。戦前は女性に化粧の習慣がまだ浸透していなかった。ミス・シセイドウは最新の美容・化粧法と資生堂化粧品の普及のために雇われた。自社製品の販売・促進を担うミス・シセイドウを資生堂は徹底的に教育して磨き上げた。１期生９人は７カ月にわたって研修を受講。美容知識や化粧法、商品知識のほか、接客マナーやセールストーク、立ち居振る舞いまで学んだ。「良家の子女」を応募条件にしたのは、内面も外面も、女性が憧れるマネキン的な役割を担うためだ。モダンでエレガントな女性となることが期待された。

研修を終えたミス・シセイドウは全国のデパートなどを巡回した。和服姿の女性も珍しくなかった時代に彼女たちはおそろいの洋装ユニフォームで人前に立った。店頭でまずはミス・シセイドウが役者となり、最新の美容法と化粧技術を寸劇で紹介した。劇が終わると舞台から下りて、来場した一人ひとりの美容・化粧相談に乗り、肌のタイプや個人の好みに合う化粧品を推薦した。正しい商品知識を伝えて、顧客がきれいになるように適切なアドバイスもする――この姿勢は現在のＢＣと変わらない。ミス・シセイドウのプロモーション活動は人気を呼び、資生堂の知名度アップに貢献した。戦前から戦中にかけては化粧は贅沢だとして一時活動を休止したが、戦後にミス・シセイドウの採用は復活した。経済復興に合わせて西洋風の生活様式が定着するにつれ、女性の間に化粧への関心が高まった。少数精鋭では全国の需要に応えきれず、美容部員に名を変え、大量採用を開始した。

チェインストア制度で全国に販売網

ミス・シセイドウ採用から、さかのぼること10年前。1923（大正12）年12月に資生堂は後々の躍進の礎となる、もう一つの仕組みを導入している。チェインストア制度だ。通常チェーンストアと聞くと同じ店名で広域に複数店舗を展開するスーパーマーケットや飲食店などを思い浮かべる。商品を大量に一括に仕入れ、その分、販売価格を安くする流通システムだ。一般的に各店舗は中核企業の直営店であるか、フランチャイズ契約を結んだ店舗であるかといった違いはあるが、店舗の外観・内装や販売商品はほぼ同一で統一感がある。一方、資生堂のチェインストア制度は契約を結んだ店舗にしか自社商品は卸さないが、各店舗は資生堂の傘下に入るわけではなく、同業他社の化粧品やその他の商品も販売する。経営もそれぞれ独立している。一般的には小売店舗が緩やかに連携をとっている「ボランタリーチェーン」と呼ばれる流通形態だ。

小売店とメーカーの共存共栄を目指す

チェインストア制度は当時支配人を務めていた松本昇（後に2代目社長）が「資生堂化粧品連鎖店」という名称で導入した。当時化粧品は乱売が目立っていた。店頭値引きが常態化し、近隣の店が値引くから、負けずとさらに値引く――そんな悪循環が起きていた。集客のために原価割れで販売する店もあり、価格競争の激化は小売店とメーカーの双方の経営を圧迫した。松本は小売店とメーカーが共存共栄できる仕組みを模索。販売価格を守る店舗にだけ自社商品を卸すチェインストア制度を考案した。松本は若くして米国に渡り、ニューヨーク大学で経営学を学んでいる。しばらくは現地の百貨店で働き、近代的な経営手法を身につけた。帰国後に創業者・福原有信の息子で初代社長に就いた福原信三に請われて資生堂に入社した。現在様々な業種が採用するチェーンストア制度を日本にいち早く導入した立役者でもある。

小売店も「資生堂化粧品連鎖店」を歓迎した。値引き競争の心配がなくなり、各店舗は販売利潤が守られる。契約店舗は予想を上回って広がった。利点は資生堂にもあった。販売契約を結ぶ際、小売店の経営規模に応じて保証金を取った。制度導入を発表する3カ月前に関東大震災が起きている。東京に本社を置く資生堂も被災し、銀座社屋を焼失した。保証金収入は震災から復興し、経営を再び軌道に乗せる重要な資金となった。加盟店が全国に広がると同時に加盟店との連携も強化した。昭和に入ると、加盟店向け月刊誌を創刊。世界の最新美容・化粧情報を紹介したり、店頭のディスプレー方法を教えたりして販売促進に役立つ情報を提供した。

戦後に化粧品が再販売価格維持（再販）制度の対象に認められるとチェインストア制度は化粧品ビジネスになくてはならない仕組みとなった。１９４７年施行の独占禁止法はメーカーが小売価格を拘束する行為を原則禁止した。価格統制は公正な競争を妨げ、消費者の利益にならないためだ。ただ化粧品は適用を免れた。直接体に使うものなので価格競争によって粗悪品が出回り、健康被害に発展するリスクを恐れた。それまでのチェインストア契約はあくまでも民間企業同士の契約だった。だが再販制度の〝お墨付き〟を得て、メーカーが指定する販売価格を守らない店舗に対する出荷停止が法的に認められた。加盟店舗はさらに拡大。資生堂は全国に強固な販売網を持つに至った。

それぞれ別の理由で始まった美容部員制度とチェインストア制度は戦後に有機的に結びつき、会社の成長が加速する。今でこそデパートやＧＭＳ、ドラッグストアなどもチェインストアに加盟しているが、初期のチェインストアは街なかの化粧品専門店や薬局・薬店といった家族経営の小規模店舗が多かった。多くの店では夫が店主で妻が接客を担った。美容や化粧の専門知識・技術を持つ販売員を雇う余力はない。そこに美容部員を資生堂が派遣し、化粧品の販売促進を手伝った。美容部員の教育・育成を資生堂が担い、人件費も資生堂が持つ。コストもなく専門の販売員を店頭に配置でき、売上も伸ばせるのだからチェインストアにとってこんなにありがたい仕組みはない。美容部員の派遣は加盟店に対する経営支援の重要な柱となった。

一方、資生堂にとっても消費者との接点が増えればそれだけ自社製品の売上を伸ばせる利点があった。特に高機能高価格の化粧品販売は美容部員の力量が不可欠だ。例えば一口にスキンクリームといっても価格に応じて効果も違う。その効果をきちんと説明し、正しい使い方を指導できれば高価格でも高機能な化粧品を買ってもらえた。チェインストア制度と美容部員をクルマの両輪にして資生堂は化粧品のトップ企業に上りつめた。

移り変わる化粧品会社の販売戦略

ここで化粧品会社の販売戦略を整理しておく。資生堂が先鞭をつけた店頭における対面販売はカネボウ化粧品やコーセーなど大手同業他社も同様の戦略を取っており、国内化粧品販売において主流な手法となっている。

かつてはここに訪問販売が続いた。1929（昭和4）年創業のポーラがその代表格だ。高級化粧品のユーザーになりうる富裕層の妻ほど専業主婦率が高く、自宅にいる。顧客を店頭で待つのではなく、自宅まで訪問して自社商品を紹介し、使い方を指導して買ってもらう戦略だ。

1970年代までは化粧品の主たる販売手法として、訪問販売は市場を拡大していた。ただ女性の社会進出が進むと、営業効率が悪くなった。昼間に得意先を訪ねても、仕事に出ていたりして留守がちの家庭が増えた。今も訪問販売を手がける会社はあるが、かつてほどの勢いはない。資生堂も1960年代に訪問販売を試行したことがある。ただ1年あまりで実験的な試みは終了した。地域に人脈もないまま一戸一戸玄関の呼び鈴を押して回ってもなかなか顧客は付かなかった。それにすでに全国の隅々までチェインストア契約を結んだ販売店が行き渡っており、訪問販売と店頭販売が競合してしまったからだ。

訪問販売に代わって台頭したのが通信販売だ。1980年創業のファンケルは無添加化粧品を考案して急成長し、約20年で東証一部上場を果たした。通販化粧品でファンケルと並ぶ大手にDHCがある。流通革命で発注から自宅に届くまで時間がかからなくなったことに加えて、ネット上から簡単に注文できる利便性が支持され、今は訪問販売を凌駕して通信販売が急速に伸びている。

3 化粧品業界の変革期

オイルショックをきっかけに日本の高度経済成長が終わった後も、化粧品市場は成長がしばらく続いた。もともと化粧品業界は不況に強いといわれている。化粧は女性のライフスタイルに定着していたので、世帯収入が多少減っても化粧品出費はすぐに削らない。さらに働く女性の増加など女性の社会進出が経済低成長時代も化粧品消費を下支えしていた。だが1990年代に入ると、陰りがみえてきた。そこに再販制度の見直しが化粧品メーカーの経営を揺るがした。

再販制度の見直し

戦後日本は奇跡的な経済復興を果たし、米国に次ぐ世界第2位の経済大国になった。自動車や精密機械など高品質で廉価な製品を海外に輸出し、外貨を稼いだ。主な輸出先の1つが米国だ。1980年代に入ると米国は経済成長が鈍化し、輸出より輸入が超過。多額な貿易赤字に苦しむようになる。政府予算の財政赤字とともに「双子の赤字」と呼ばれて、米国経済は苦境に立たされた。自由市場を前提とした政府の経済政策に転換期が訪れる。恒常的に対日貿易赤字を抱えた米国は日本に経済構造の是正を要求。両政府は１９８９～90年に日米構造協議を開いた。日本市場には閉鎖的な仕組み・ルールが数多くあり、海外企業の参入を阻んでいるとして日本市場の開放を米国は迫った。このとき障壁の１つとして化粧品の再販制度がやり玉に挙がった。日本政府は要求を受け入れ、90年代に化粧品の再販制度は段階的に縮小し、97年についに再販制度の対象から完全に外れた。

チェーンストア制度が継続的に利益を生み出せたのは再販制度があったからだ。販売価格を決める権限をメーカー側が握り、意向に沿わない店には出荷停止という強硬手段もとれた。だが米国からの外圧でその前提が覆り、チェーンストア制度をベースに事業を展開していた化粧品メーカーは戦略の見直しを迫られた。

再販制度の見直しと同時に流通チャネルの多様化も進んでいた。ドラッグストアやコンビニエンスストア、通信販売、ネット通販などの台頭だ。メーカーはチェーンストア制度を活用して各地域にどの程度の販売店舗を持つかをコントロールしてきた。同一エリア内で店が乱立すると顧客を奪い合い、加盟店の経営が安定しない。地域の市場の大きさに合わせて流通ルートを考えることも、加盟店とメーカーが共存共栄する仕組みだった。

新たな流通チャネルはメーカーにとって諸刃の剣だ。そちらに化粧品を流せば、化粧品専門店や薬局・薬店といった既存の加盟店の売上を奪いかねない。

一方で消費者への新たな販売ルートとしてその成長性は無視できない。化粧品メーカーのなかでも対応が分かれた。販路拡大のためにドラッグストアやコンビニエンスストアと積極的に手を組む動きもあった。ただ、長年チェインストア制度をベースとして業績を伸ばしてきた資生堂は全国に2万5000もの加盟店舗を抱えており、それまでに培ってきた関係性をないがしろにできなかった。戦後の成長を抱えてきた強固なネットワークが、新しい流通チャネルへの対応を遅らせる一因となった。

97年に国内化粧品市場はついに成長が止まる。この年、年間国内出荷額は初めて1兆5000億円（経済産業省・生産動態統計）の大台に乗った。だがその後は2014年に至るまで年間1兆4000億～1兆5000億円の間で推移し、ほぼ横ばいが続く。1つにはデフレ経済下で価格単価が下がった影響がある。そうこうしているうちに人口増加の速度が鈍化し、国内化粧品市場は成熟期に入った。

4 「会社を壊す」経営戦略

脱停滞へ社長交代

再販制度の見直し・完全撤廃や国内市場の成熟化など経営環境の変化に資生堂も随時手を打ってきた。パイの奪い合いが起きないように、ドラッグストア・コンビニエンスストアといった新たな流通チャネル向けに別ブランドの化粧品を立ち上げ、化粧品専門店や薬局・薬店が扱うブランドと差別化し、棲み分けを模索した。

池田守男（在任２００１～05年）は旧弊を排除するために大なたも振るっている。例えば加盟店の過剰在庫の処理だ。長年の慣例で加盟店に商品を卸した時点で資生堂に売上が計上された。店舗で売れ残った商品は資生堂が買い戻すので加盟店も在庫状況を気にしていなかった。当初は互いに適正在庫を意識していたが、徐々に店頭在庫が膨れあがり、売上高と実際の販売高に齟齬を来した。そこに池田はメスを入れた。過剰在庫を資生堂が買い戻す一方で、店頭での販売動向を正確に把握するために全店舗にＰＯＳ（販売時点情報管理）端末を無償で設置するなどチェインストア制度をテコ入れした。

こうした施策が奏功し、２００3年3月期には当時過去最高益となる連結営業利益４９０億円を出した。ただ、その効果も持続せず、翌年度からは再び2期連続の減益。会社を再び成長軌道に乗せるには至らなかった。

04年末には固定費コストを削減するために創業以来初めて大規模な早期退職を募集し、翌年3月末に約１４００人が退職している。04年3月には生産調整のために舞鶴工場（京都府）と板橋工場（東京都）の閉鎖も決めた。国内化粧品シェアで長年トップを維持していたものの、花王がカネボウ化粧品の買収に乗り出すなど業界内競争も激しくなっていた。こんな経営状況のなかで前田は社長に就いた。日本経済新聞は社長就任ニュースを「資生堂、脱『停滞』へ刷新」と報じた。前田が後々繰り返す「一旦会社を壊してつくり直す」宣言は、経営の抜本的な見直しに不退転の覚悟で臨む意志の表れでもあった。

前田が池田から引き継いだ課題にブランドの「選択と集中」があった。

化粧品は年齢層や価格帯などによって1つの会社が複数のブランドを持っている。当時の資生堂は約１００もの化粧品ブランドを抱えていた。個人の志向や趣味の多様化に合わせようと次々と新ブランドを立ち上げた結果だった。

本来なら新ブランドを立ち上げるときに顧客層が重複するブランドは統廃合すべきだが、商品開発者の顔を立てるためにそれをためらう風土が社内にあった。化粧品は広告宣伝費を投じてテレビや雑誌などメディアでの露出を増やし、消費を喚起する。ただ広告宣伝費はもちろん無尽蔵ではなく、ブランドが増えれば増えるほど1つのブランドに投入できる広告宣伝費は減る。すると思うように売上が伸びないので、また新たなブランドを開発する。多数のブランドを抱えているものの、消費者はその差異が分からず、敬遠する。そんな悪循環に陥っていた。

ブランド再編、BCの役割強化

およそ100あった化粧品ブランドを集約する戦略が決まっていた。具体的な集約方法を検討し、前田は道筋を立てた。それはブランドを「顧客接点拡大ブランド」と「顧客接点深耕ブランド」の2つのカテゴリーに分けて、整理統合することだった。

顧客接点拡大ブランドは、流通ルートを化粧品専門店などのチェーンストアに限定せず、ドラッグストアや量販店などの流通チャネルも積極的に活用する商品群のことだ。購入できる拠点を増やし、店頭で目にする機会を増やす一方で、テレビCMや雑誌広告などを積極的に展開して販売促進を狙う。メーキャップの「マキアージュ」やヘアケアの「TSUBAKI」などがこれに当たる。当時の人気女優やモデルが登場するテレビCMや広告を覚えている人も多いだろう。新ブランドであった「TSUBAKI」はこの戦略が奏功し、ヘアケア部門でシェアトップに輝いている。

一方、顧客接点深耕ブランドは流通チャネルを化粧品専門店やデパートに限定し、高級感を維持しながら長く深く使い続けてもらえる商品群のことを指す。その代表格はデパートを中心に扱っているスキンケア&メーキャップの「クレ・ド・ポー　ボーテ」だ。化粧水が1本170㎖入りで1万円を超える。「クレ・ド・ポー　ボーテ」に限らず、顧客接点深耕ブランドは高価格帯商品が主となる。

1990年代後半から国内化粧品市場は伸び悩んでいた。ただ低価格帯と高価格帯の商品がよく売れるという販売の二極化も起きていた。ドラッグストアやディスカウントストアで店頭に並ぶ安い化粧品を購入する顧客が増える一方で、美に対する投資を惜しまず、高価格でも自分に合った化粧品を購入する女性も多かった。もともと資生堂は明治時代に化粧水「オイデルミン」を世に出して以来、高級化粧品に強みを持つ。高級化粧品はカウンセリングなどの付加価値が販売に欠かせない。まさにここで活躍するのがBCだ。前田はブランド戦略を立て直すなかで、BCの活躍が資生堂の成長に欠かせないと位置づけた。

100%お客さま志向

社長就任直後に前田は具体的な経営戦略とともに改革の骨格となるビジョンを示した。それは、

① 100%お客さま志向の会社に生まれ変わる
② 大切な経営資源であるブランドを磨き直す
③ 「魅力ある人」で組織を埋め尽くす

の3つである。資生堂は古くから顧客重視をうたっている。前田はそれをさらに推し進め、「100%お客さま志向」を経営立て直しの柱に据えた。顧客満足度を上げて企業価値を高める――そんな戦略を描いた。

ここでもカギとなるのがBCだ。メーカーである資生堂のなかでBCは日々消費者と向き合う貴重な存在だ。全国で働く1万人のBCは顧客にとって資生堂の顔であり、彼女たちの活躍なくして顧客満足度は向上しない。また接客を通じてBCが把握した顧客ニーズを会社に適確にフィードバックできれば、②のブランド磨き直しにもつながる。前田にとってBCは経営改革の浮沈を握る眠れる宝でもあった。どうすれば活躍の場が広がり、力を最大限に引き出せるか。前田は「BCの活動改革」に力を注ぐことにした。

社長就任直後から前田は全国の営業拠点を精力的に回ってBCとの直接対話を心がけた。「能力発揮を妨げる障害は何か」「会社に何を期待するのか」。合計約5000人のBCに会って話を聞いた。社長と直接会う機会など以前はまずなかったので、それだけでBCは感激した。彼女たちを管轄する現場の営業社員が同席していると本音が話しづらいだろうと考え、ときには営業社員を退席させたこともあるという。

このときに各地で「育児時間が取りづらい」「申請を認めてもらえない」といった切実な悩みを聞いた。仕事と子育ての両立ができないために、本当は仕事を続けたいのに出産をきっかけにやむなく退社するBCもいるという。これから力を存分に発揮してほしいのに出産・育児を理由に退職されては会社の損失だ。前田が営業サイドの反対を押し切ってまで「カンガルースタッフ制度」を導入した理由はここにある。

BC活動改新で販売ノルマ廃止

前田が仕掛けた「BCの活動革新」はカンガルースタッフ導入だけではない。2006年の販売ノルマ撤廃もその1つだ。

通常化粧品メーカーの美容部員は会社の営業戦略に基づいて店頭に立つ。店舗や売り場ごとに販売額目標があり、季節ごとに販売推奨商品も決まっている。同僚とチームを組み、営業社員とともに目標達成策を検討して、努力する。店頭キャンペーンを売り場で企画したり、お得意さまに個別セールスを仕掛けたりして目標の達成を目指す。化粧品メーカーにとっては、こうした一つひとつの売り場の販売の積み重ねが通期の販売目標達成につながっている。

ただ美容部員に販売ノルマを課すことには負の側面もある。月末など期日が迫っているのに目標に到達していないと来店者が必要としない化粧品まで勧めてしまうことがある。運良く買ってもらえて、その月の目標を達成できたとしても、その商品を使ってみて気に入らなければ顧客の満足度は下がり、店舗から足が遠のく。「美しくありたい」「美しくなりたい」とする顧客の要望に純粋に応えることがBC本来の役割のはずだ。前田はそう考えて、販売ノルマ撤廃を決めた。

キャリアパスの見直し

第2章で紹介したBCキャリアコースの見直しも前田が主導した。2009年に売り場のチーフ止まりだったキャリアの天井を撤廃し、マネジメントコースと専門職コースの2つのキャリアパスを新設した。何年間か現場で経験を重ねた後、全BCがどちらかを選ぶ。

マネジメントコースでは各営業拠点に美容部長ポストを新設。地域内のＢＣを統括する役割を担う。そこでさらに能力を磨き、実績を積めばこれまで本社採用の総合職のポストであった営業拠点の責任者や本社の管理職にも就ける。

現在美容統括部長を務める松本聖子（第1章で先述）はこの制度改定によってキャリアアップを果たした典型例だ。福岡県でＢＣとして長く働いた後、本社人事部に異動し、15年4月に全国のＢＣ活動を管轄する美容統括部長に就いた。

専門職コースを選んだ場合は、社内大学院に相当する「資生堂ビューティーアカデミー」で2年間社内外のスペシャリストからスキンケアやメーキャップの高い技術や知識を学べる。修了生は「資生堂ビューティースペシャリスト」として全世界の資生堂で店頭活動を担う。さらに技術・知識を磨けば「ビューティートップスペシャリスト」と認定され、イベントやメディアなどで資生堂を代表するトップアーチストとして活躍できる。

5　引き継がれる精神

2015年度正社員化へ

前田は2011年に一時的に会長に退くも、後任社長に指名した末川久幸が健康上の理由で社長を辞任し、13年4月に社長に復帰した。

そして、14年4月に魚谷雅彦が社長に就いた。前田に始まるBC重視の姿勢は魚谷も継承している。

14年12月に魚谷は今後の経営指針となる「VISION 2020」を発表した。「100年先も輝き続ける資生堂の原型をつくる」として2020年の具体的な目標として①売上高1兆円超、②営業利益1000億円超、③ROE（株主資本利益率）12%以上――を打ち出した。これらを実現する最優先課題に「ブランド価値の再構築」を上げた。顧客の潜在ニーズを把握し、購買行動を分析する顧客起点のマーケティングに、革新的な基礎技術を基にしたイノベーションを掛け合わせてブランド価値を向上させる戦略だ。魚谷はBCを「お客さまに価値伝達する最前線に立つ役割を担っており、資生堂ブランドのエバンジェリスト（伝道師）」と位置づけ、さらなる活性化に取り組むと明言している。

魚谷は日本コカ・コーラの社長・会長を務めた後、13年5月に資生堂のマーケティング統括顧問に就いた。創業140年を超える老舗企業に初めて誕生した外部出身の社長で、マーケティング手腕が高く評価されている経営者だ。大学卒業後にライオンに入社。1983年に米国コロンビア大学で経営学修士（MBA）を取得した。94年に日本コカ・コーラに取締役上級副社長として入社し、その直後に缶コーヒー「ジョージア」ブランドを建て直して一躍脚光を浴びた。当時ライバル社の缶コーヒーに押されて「ジョージア」は苦戦していた。バブル崩壊で社会全体に暗いムードが漂うなか、癒やしを求める男性心理に着目。タレントの飯島直子を起用した「男のやすらぎキャンペーン」を主導し、「ジョージア」の起死回生の大ヒットにつなげた。

一般的にマーケティングというと日本では広告・宣伝や市場調査をイメージする。その視点に立つと、店頭のBCは本社のマーケティング担当者が立てた戦略に合わせて商品を説明し、宣伝・広告に則った重点商品をただ説明し、売る役割のように思える。マーケティングのプロである魚谷が、化粧品業界を長年支えてきた美容部員システムをどうみるのか。興味深い点であった。経営トップに立った魚谷は意外にもBCの役割を高く評価した。

「意外にも」と付けたのは実はこちらの見方が誤っていたからかもしれない。魚谷が考えるマーケティングは広告・宣伝や市場調査といった狭義の定義ではない。現場主義、お客さま起点こそがマーケティングに欠かせないとみている。顧客がどんなニーズを持っているのか、何が満たされていないのか、どんな問題を抱えており、会社はそこにどんな解決策を提供できるのか。顧客との距離が近い現場がこうした情報をしっかり吸い上げて、それを経営に生かすことを魚谷は重視している。魚谷は「BCの仕事は販売ではなく、マーケティングそのもの」と説明し、従来にも増してBC活性化に取り組む意向だ。

例えば2016年新卒者の大量採用だ。現在BCは国内に1万人。そこに16年春に約350人の新卒BCを採用した。しかも近年、新卒BCは契約社員として雇っていたが、16年春から正社員雇用に切り替えた。新卒BCの正社員採用は06年以来、11年ぶりの復活だ。同時に現在約2000人に上るBC契約社員も正社員に転換する。登用試験は実施するものの、落とすための試験ではなく、希望者全員が正社員に転換できるように会社は後押しする方針だという。ほかにも店頭売上に連動した評価システムの導入や処遇制度の改定も準備している。

6 ＢＣ制度の光と影

高い人件費比率

美容部員による対面販売は高付加価値・高機能な高額化粧品を消費者に買ってもらえる利点がある。どんなに優れた効果、機能があっても、陳列棚に並べて販売しているだけでは、消費者はその価値をきちんと理解できず、わざわざ高い商品にお金を払ってくれない。ただ美容職システムにも経営上のデメリットがある。その代表が人件費コストだ。海外企業と比べて、日本の化粧品会社は利益率が低いとする指摘がある。その理由の１つに、多くの美容部員を自前で抱えるゆえの人件費比率の高さがある。

例えば資生堂でみてみよう。２０１５年12月期連結決算でみると、売上高に占める人件費は国内外合わせて25・７％に上る。美容部員が顧客の相談に乗りながら化粧品を販売するスタイルを重視する資生堂のような化粧品メーカーの宿命でもあるが、人件費比率が高いことは否めず、「ＢＣ＝コスト」とみる向きもある。特に日本流の「おもてなし」感覚になじみが薄い、外国人投資家はこの傾向が顕著だ。昨今は日本の株式市場はグローバル化が進み、外国人投資家が日本企業の主要な株主となっている。資生堂も例外ではない。発行済株式の約4割を外国人投資家が所有している。発言力を強めた外国人投資家の一部はBCを核とした販売戦略に説明を求めている。

経営状況が良好であれば批判もかわしようがあるが、ひとたび経営状況が悪化するとコスト要因としてBC制度のあり方は批判にさらされる。2013年にそんな一幕があった。

2008年の米国リーマンショック以降、日本の景気も悪化し、国内販売は不振に陥っていた。それを資生堂は海外市場の成長で補っていた。経済成長著しい中国は特に重要なマーケットだった。資生堂は1980年代にいち早く中国に進出していた強みがあった。それを足がかりに、中国での売上を順調に伸ばしていたものの、2012年秋に予期せぬ出来事が起こる。日本政府が中国との間で領有権争いがある尖閣列島を民間の所有者から買い上げて国有化すると閣議決定した。これを契機に中国で反日感情が高まり、大規模な反日デモが中国全土に広がった。中国に進出していた日本企業や日本製品も攻撃対象となり、多くの日本企業が経済的な打撃を被った。資生堂もその1つだった。継続的な成長を見込んでいただけに経営への影響は大きかった。

翌13年1月に事業構造改革プログラムを発表した。収益性を高めるために「生産・研究開発拠点の再編」「人材・人件費マネジメントの強化」「グローバル規模の機能統合」の３つを対策に立てた。このときに公表した資料で人材・人件費マネジメントの強化について「制度の見直しも含めて『人件費の低減』と、信賞必罰の徹底・役割と貢献に基づく公平な処遇による『厳しくもやりがいのある組織風土への変革』に取り組む」と会社は説明している。人口減少やデフレの影響で国内化粧品市場は１９９０年代以降横ばいが続いていた。経営体質を強化するためには労働生産性の向上が急務だった。

２０１３年は、もう一つのマイナス要因が重なった。２０１０年に買収した米国通販化粧品大手ベア・エッセンシャル社の業績不振だ。競争激化で思うようにテレビの放送枠を取れなかったことなどが原因で苦戦。資生堂は２０１３年３月期連結決算で減損損失２８６億円を計上した。その結果、最終損益は１４７億円に達し、８年ぶりに赤字となった。13年３月期の決算発表の場で前田新造社長は「当社の『強み』をさらに強めるために彼女たち（ＢＣ）の力を最大限生かすことを最優先に考え、人数を減らすことは考えていない」と強調した。その一方で理想のコスト構造を尋ねたアナリスト・機関投資家の質問に「トータルの人件費をセーブするためには時間がかかるが制度設計を根本的に見直していく必要がある。ＢＣは削減せず、より生産性を高め、プロとしての力量を高められるよう支援していく」と答えている。

時代の流れに合わせてＢＣが担う役割も変化している。高度経済成長期に資生堂で働いていた元美容部員に聞くと「当時は化粧への関心が急速に高まっている時期で入荷する化粧品が次々と売れた。売り切れを恐れて、新色の口紅を10本単位で大量に購入する顧客もいるほどだった」と証言する。１９７０～80年代は広告プロモーションの全盛時代で、小林麻美や中山美穂、今井美樹など時代を代表する女性をモデルに採用してテレビ等で季節ごとにＣＭを大量に放映し、矢沢永吉や竹内まりや、忌野清志郎らが歌うＣＭソングが同時に大ヒットしていた。ＣＭで見た化粧品を消費者は指名買いする傾向があり、ＣＭの良しあしが化粧品売上の決め手にもなっていた。

「作れば売れる」「ＣＭを大量に流せば売れる」。そんな時代の化粧品販売は労働集約型産業であった。どれだけＢＣを売り場に配置できるかが売上を伸ばす鍵だった。でも今は高い接客技術や適切な説明・助言など個々の力量が問われている。どうやってＢＣのモチベーションやスキルを向上し、労働生産性を高めるか。会社が担う役割は重要になっている。実際、前田がＢＣの生産性向上に言及した先の決算発表は13年４月に開かれており、ＢＣの働き方改革に人事部が着手した時期と重なる。

序章で触れたとおり、ＢＣが主に担うカウンセリング化粧品の売上が順調に増えるなど働き方改革のプラス効果は出ている。生産性向上も一定の成果を上げているようだ。ただ長期的にみれば国内化粧品市場は少子高齢化で大幅な拡大は期待できない。店頭に立つＢＣがどんなに頑張っても国内売上はいずれ頭打ちになってしまう。働き方改革は、化粧品ブランドの強化・新設や、顧客と日々接するＢＣの声を経営に生かす仕組みなどと融合して初めて相乗効果が生まれる。１万人に上るＢＣが活躍できる舞台装置を準備するのが経営の次の役どころだろう。

第5章

女性管理職30%への道

女性活躍推進の象徴として、政府は2020年までに管理職など指導的な立場に占める女性比率を30％に高めると数値目標を掲げる。いわゆる「202030（ニイマルニイマル・サンマル）」だ。

指導的な立場とは①企業の課長相当職以上、②議会議員、③弁護士や医師など特に専門性が高い職種――などを指す。資生堂の女性管理職比率は27・2％（2015年4月1日時点）に上り、政府目標への到達が間近に迫る。民間企業の女性管理職比率が11・3％（労働力調査、14年）にとどまり、多くの企業は女性の登用がはかどらずに悩んでいるなか、女性活躍先進企業の面目躍如だ。ただ現状から想像できないが、1980年代までは資生堂も男性中心企業であった。女性社員比率は当時も7割超と高かったが、管理職・幹部層は圧倒的に男性が占め、中核業務は男性が握っていた。

分岐点は1987年に福原義春が社長に就いたこと。米国法人の社長を経験した福原は現地での経験から女性の潜在能力の高さにいち早く着目し、90年代にまずは仕事と子育ての両立支援策を整えて、結婚・出産しても働き続けられる職場環境を築いた。そして2000年代に入ると、女性の人事施策の軸足をポジティブアクション（積極的格差是正策）に移して女性リーダーの育成を進めた。福原を継いだ歴代の経営層も女性活躍推進に積極的に関与してトップダウンで組織改革に取り組んできた。先に両立支援を整えて女性社員が就業を継続できる土台をつくり、その上に女性が能力を存分に発揮できる職場風土を築く。

女性活躍推進策を2段階に分けて時間差で整えてきた結果、家庭・子育てとキャリアを両立できる会社に資生堂は進化した。

1 活躍する女性管理職

中国ビジネスを立て直せ

2016年2月中旬、経営戦略部マネージャーの長谷直子（39）は空路で中国・上海に飛んだ。計画通りに伸長しない中国事業の今後の道筋を模索するためだ。

急成長する中国市場は資生堂の重要な戦略拠点だ。1981年に日本の他企業に先駆けて中国進出を果たしていた。政治的な対立の影響を受け、紆余曲折はあったものの、資生堂ブランドは中国で確固たる地位を築いていた。グローバル戦略を進めるなかで14年に社長に就任した魚谷雅彦は中国事業の着実な拡大を見込んでいた。だがその矢先、思わぬトラブルが発生して一転減収を強いられた。15年に現地法人が実施した人事・報酬制度の改定に代理店が反発し、離職が相次いだ。取引先への商品補充が滞り、店頭から資生堂化粧品が一部消えた。15年度上期決算発表によると、中国事業の売上高は前年同期比7・6％減の約630億円。これを受けて同期通年で8％の成長を見込んでいた中国事業は3％成長へと下方修正を余儀なくされた。問題解決のために魚谷社長は急きょ、中国事業革新プロジェクト室を立ち上げた。長谷はそのメンバーに選ばれ、事業立て直しに向けて3泊4日の短期出張で現地を訪れた。「問題発覚から半年を経て、事態は収束に向かっている。ただ中国は資生堂にとって重要な市場。一刻も早く成長路線に戻すために何ができるのかを現地を実際に見て、考えたかった」と話す。

長谷は大手証券会社を経て、2004年に資生堂に入社した。2015年に管理職に昇進したばかりだ。会社では中国事業を立て直す重責を担う一方で、自宅に帰れば一児の母の顔を持つ。子育てとキャリアの両立が可能な資生堂を象徴するワーキングマザーの1人だ。子どもは1歳。いつもは夫と家事・育児を分担しているが、海外出張中は遠方に住む実母に応援を頼んだ。学生時代から中国に関心があり、資生堂に転職したのも中国事業に力を入れており、そのチャンスがあると思ったからだ。入社後は経営企画部などでM&A（企業の合併・買収）などを担ってきた。希望する中国ビジネスを担当する機会がようやく巡ってきた。

子育て期の女性は一般的にやりがいのある仕事を任されない傾向がある。残業や出張がしにくいなど時間的な制約があり、他社との交渉や難しい調整を伴う業務を上司が与えたがらないためだ。だが資生堂は違う。能力とやる気があればチャレンジングな仕事も任せている。

そもそも長谷が管理職に昇格したのは育児休業中だった。出産を控えて2014年7月に産前産後休業に入った。9月に無事長男を出産。その数週間後に管理職昇格試験の受験通知が自宅に届いた。昇格試験の受験は上司の推薦が必要だ。産休・育児休業中であることを承知で直属の上司は長谷に事前に知らせることなく、会社に推薦していた。昇格年次にさしかかる段階で妊娠した。子育てが一段落するまでチャンスはないだろうと思った。「まさか育児休業中に試験を受けることになるなんて想像していなかった」

育児休業中に昇格

受験通知が届くと同時に上司から自宅に電話があった。「実力を評価している。管理職になって、さらに活躍してほしい」と期待を伝えられた。正直悩んだが、生後間もない我が子が眠る傍らで筆記試験に備えて勉強した。10月の筆記、12月の面接と試験を無事パスして2015年に管理職に昇格した。「働く女性は普通子育てかキャリアの二者択一で悩む。子育てとキャリアを両立できる選択肢があることを後輩たちに示したかった」

資生堂の女性管理職比率

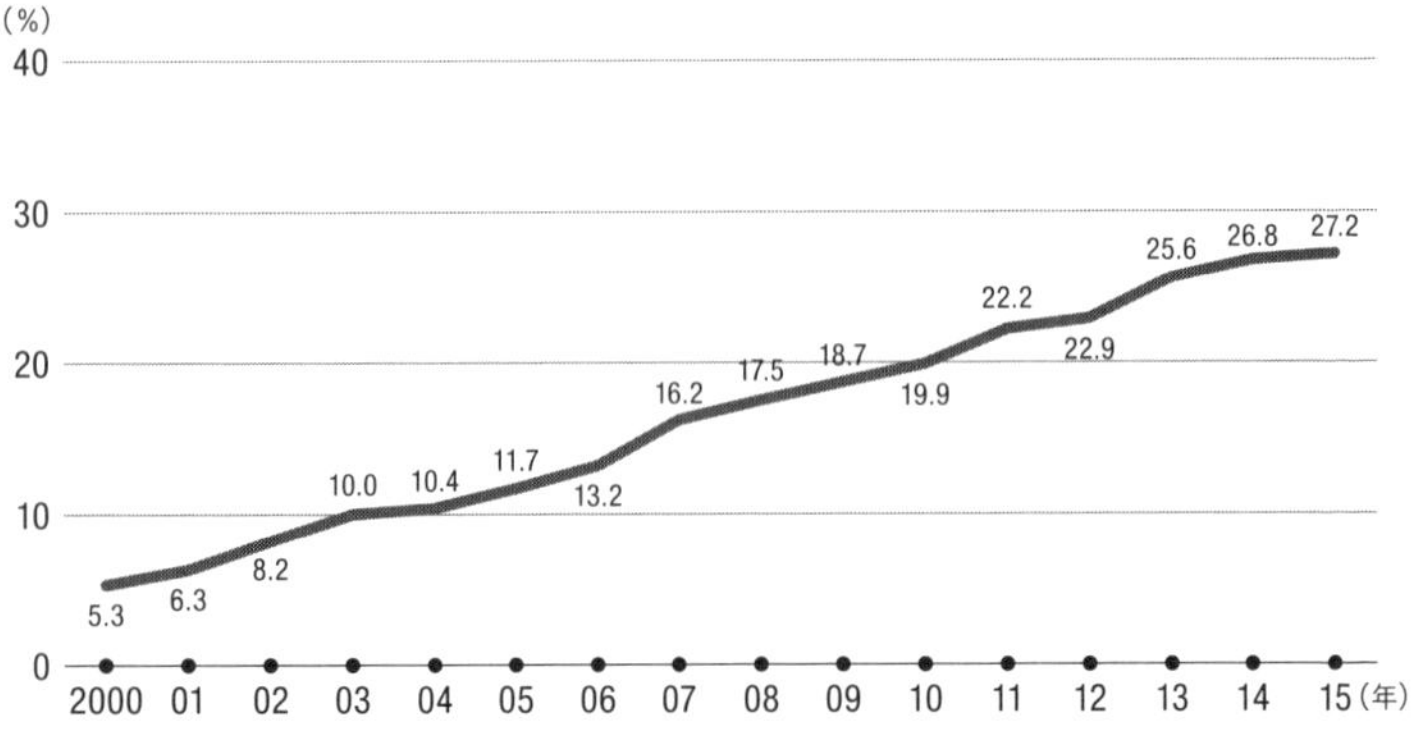

出所：資生堂資料より作成

その年の4月にフルタイム勤務で職場に復帰した。朝は夫が子どもを保育園に送っていき、夕方は長谷が迎えにいく。勤務時間は朝8時半から午後5時15分までが基本。残業ができない分、効率的に働いて成果を上げている。グローバル化を進める経営戦略のなかで中国事業の重要性は十分に分かっている。担当業務はルーティンワークのように決められた解法がない。中国で資生堂は一定のブランド力がある。現地法人などの組織がうまく回り始めれば売上は必ず上向く。でもその方法を見つけるのは簡単ではない。「周囲の協力が得られる間は子どもがいることを理由にやりがいのある仕事をあきらめるのはもったいない」と長谷は前を向く。

　女性管理職比率が3割に迫る資生堂。社内のあらゆる部署で当たり前のように女性社員が活躍している。人事部長の本多由紀は「女性社員比率は現在8割。総合職採用はほぼ毎年半々で多い年は女性比率が6割にも達する。男性だけを管理職に上げようなんて社員構成上でも無理。特段女性を優遇しなくても自然と女性管理職比率が高くなる職場環境ができている」と現状を語る。

本多は資生堂の均等法第1世代。総合職に初めて女性を新卒採用した1989年に入社した。ただ本多が入社する前の資生堂は今からは想像もできないくらい男性中心文化が根付いていた。当時の社会風潮もあったが、出産・結婚を契機に退職する女性は珍しくなく、会社に残って働き続ける女性社員も男性の仕事を手伝う補完的な役割が主だった。そんな企業文化に疑問を持ち、女性活躍推進のタネを社内にまいたのが、1987年に社長に就いた福原義春だ。

2 福原義春の基礎固め

福原家のDNA

1987年2月に資生堂で初の女性取締役が誕生する。美容部員出身の山内志津子だ。その人事案が役員会に諮られたときの福原義春の逸話が伝わっている。社長の大野良雄が現職のまま肺炎で急逝し、急きょ福原が社長に就任するのは同年7月。当時はまだ専務だ。山内を取締役に就ける人事案件はすんなりと通らなかった。「女性に役員は無理だ」と反対する年配役員らに対して福原は「それならばあなたたち男性の皆さんは、ちゃんと役員をできているのですか?」と語気を強めて戒めたという。男女雇用機会均等法が施行して間もない時期。資生堂といえども、男性優位の考え方が根強かった。女性社員比率も高く、顧客もほとんどが女性なのに、会社の実権を男性ばかりが握っているのはどこかおかしい。福原はそんな企業風土を変えなければいけないと使命感を持っていた。

福原義春は慶應義塾大学を卒業し、1953(昭和28)年に資生堂に入社した。創業者・福原有信の孫にあたり、初代社長を務めた福原信三は叔父だ。そう聞くと将来が約束されたサラブレッドのような印象を持つが、現実はそんな生やさしいものではなかったらしい。資生堂は1949(昭和24)年に東京証券取引所に株式を上場していたが、経営規模はまだ小さく、安定していなかった。日本は戦争からの復興過程にあり、政府は国策として石炭や鉄鋼など経済活動の基盤となる産業の振興を優先した。贅沢品とみなされた化粧品産業は原材料の確保に苦心するほど厳しい経営環境に置かれていた。

日本経済新聞の『私の履歴書』(1997年10月16日)に福原義春は大学4年時の思い出を次のように記している。「『あなたはやっぱり資生堂に入ることになるんですか』。就職ガイダンスで学生部長に言われて、何となく気落ちした記憶がある。（中略）私にはいわば〝職業選択の自由〟がなかったのだ」。重厚長大産業など成長著しい会社が数多くあるのに、そんな企業への就職活動もできない福原義春に学生部長は同情したのだという。資生堂入社は苦境にある家業を維持存続するためのやむなき選択だった。

資生堂は1872年に福原有信が洋風調剤薬局として創業した。有信は創業者として様々な文献に紹介されているが、むしろ経営を軌道に乗せた功労者は妻・徳だといわれている。有信は資生堂創業後に、帝国生命（現在の朝日生命保険）や大日本製薬などの創立に携わり、資生堂の経営は徳の力が大きかった。徳は金策や販路開拓、新商品開発など経営に幅広く関与した。男性と伍して会社を取り仕切る徳の姿を間近で見て育った影響か、福原家には代々女性活躍に熱心なDNAが流れている。有信の三男で資生堂初代社長を務めた福原信三は「男女すべからく働くべし」を信念とし、女性を積極的に雇用した。1934（昭和9）年に美容部員のルーツであるミス・シセイドウも採用している。祖母・徳の貢献を知る福原義春も、女性が男性と同等に働くことに抵抗は持っていなかった。

米国の経験が糧

福原義春は1966（昭和41）年に米国の子会社に社長として赴任する。このときに男性と対等に渡り合う米国人女性と実際に仕事をして、その思いはさらに強くなった。取引先の百貨店などで女性が当たり前のように管理職を務めていた。デパートの仕入担当はほとんどが女性で、商談に出かけてもいいようにあしらわれたこともあるという。見本市などで現場を仕切る女性も多く、日本との企業文化の違いを痛感した。働く女性は日本企業にもいたが、管理職として実権を握るケースはまれだった。

働く能力に男女差はない――日本でも今は常識だが、米国でその空気にいち早く触れ、帰国後は自分の担当部署を中心に有能な女性を積極的に登用していた。

社長就任後に両立支援策の拡充に早速乗り出す。女性が仕事を続けるうえで、育児や介護が障壁であることを早くから気にかけていた。1990年には育児休業制度を導入する。国会で育児休業法（現育児・介護休業法）が成立するのは翌91年。法制度を先取りした動きだ。しかも同法は子どもが満1歳になるまでの休業を企業に義務づける内容だったが、資生堂の育児休業制度は子どもが満3歳になるまで取得を認め、法制度を大きく上回る仕組みだった。91年には子育て中は1日の勤務時間を2時間短縮できる育児時間制度（短時間勤務）を、93年には介護

就業継続のための制度

1990年	育児休業	子どもが3歳になるまで取得可能。 子どもが2人以上は通算5年まで
1991年	育児時間	子どもが小学校入学まで。1日2時間まで勤務を短縮 (2008年に「子どもが小学校3年生終了まで」に拡充)
1993年	介護休暇	家族1人につき、1回1年以内、 通算3年以内取得可能
	介護時間	1日2時間まで勤務を短縮可能。 家族1人につき、1回1年以内、通算3年以内
1998年	カフェテリア制度 育児補助	子どもを保育園などに預ける社員に 保育料を補助
2003年	事業所内育児施設 「カンガルーム汐留」 開設	東京・汐留オフィスに隣接。 定員枠の一部は近隣の企業にも開放
2005年	短期育児休業	子どもが3歳になるまで。連続2週間以内(有給)
	看護休暇	小学校入学前の子どもが病気・けがなどで 介護が必要になったときに取得可能。 子どもが1人ならば年間5日、 2人以上は年10日まで(有給)
2006年	カンガルースタッフ 導入	育児時間を取る美容職の職場に代替要員を配置
2008年	配偶者同行転勤	小学校3年生以下の子どもがいる社員の配偶者が 転勤になった場合、転勤地への同行を希望できる
	配偶者の海外転勤 に伴う休業	社員の配偶者が海外転勤になった場合、 3年以内の休業を認める
2014年	カフェテリア制度 子ども教育補助	子どもの塾、通信学習、習い事など 教育に支出した費用を補助

休暇制度（1人の家族につき1年以内、通算3年以内）と介護時間制度（1日2時間以内の短縮勤務を認める）を新設した。いずれも当時の法制度を上回る措置で、これら両立支援制度が整うことで出産・育児や介護を理由に仕事を辞める女性社員は減少した。

福原義春の先見性は1991年2月にまとめた企業理念「グランドデザイン」にもみてとれる。資生堂が目指す企業の理想像を4つの柱で示して、社内外に公表した。その1つに「仕事と生活の両面を通じて自己実現できる会社」を掲げた。時代はバブル経済の真っ只中。栄養ドリンクのテレビCMで「24時間戦えますか？」というキャッチフレーズが流行語になる社会情勢だった。高度経済成長の余韻が残り、仕事中心のライフスタイルを容認する雰囲気もあった。

ワーク・ライフ・バランス（仕事と生活の調和）が言葉として日本に広まるのは2000年代に入ってからだ。その10年前に福原義春は、仕事か生活かの二者択一ではなく、両方を大切にすることで相乗効果が見込めると考えていた。育児・介護休業や育児時間制度など1990年代初頭に導入した両立支援制度はその理念を具体化したものでもある。

増えない女性管理職

結婚・出産を理由に退職する女性が減り、両立支援制度の導入は思惑通りの成果を上げた。

ただ女性の管理職への登用は思うようには捗らなかった。1990年代半ば、社員の7割を女性が占めているのに女性管理職比率はわずか3％台程度にとどまっていた。山内志津子に続き、90年には永嶋久子が女性として歴代2人目の取締役に就いた。トップダウンで役員に女性を抜擢できても、現場では女性を管理職に育成する意識が低かった。女性の管理職登用を福原義春が強く説いても、その必要性が実感できず、動きが鈍かった。人事部門も不慣れで、女性管理職登用の進め方が分からない。そこで福原義春は一計を案じる。企業の女性活躍推進を支援していた公益法人「21世紀職業財団」に自社社員を一定期間出向させ、ノウハウを吸収しようと考えた。

21世紀職業財団は1986年に産業界の肝いりで労働省（当時）の認可を得て公益法人「女性職業財団」として誕生した。前年に男女雇用機会均等法が国会で成立、86年に法施行を控えていた。同法の概要や理念を労使双方への周知徹底や、女性社員を戦力化する雇用管理のあり方などを研究し、企業に普及する役割を負っていた。永島久子が財団の評議員を務めていた縁もあった。

その人員として本社のファイントイレタリー事業部でプロジェクトリーダーを務めていた山極清子に白羽の矢が立った。1969年に美容部員として入社。1年間の米国派遣を経て

1973年に本社に転籍。山極は資生堂で働きながら大学・大学院を修了し、博士号を取得した苦労人でもある。当時の日本では女性を採用する企業は限られていた。山極は高校卒業と同時に資生堂長岡販売株式会社に就職し、美容部員として働きながら、将来を見据えて英語力を磨いた。全国の美容部員のなかで優秀な人材を本社が選抜し、海外拠点に派遣する制度があった。そこに自らのキャリアを賭けた。仕事で実績を積み、入社3年目に見事米国派遣を勝ち取った。帰国後は業績と能力が評価され、東京・銀座の本社勤務を命ぜられた。1990年に総合職へとコース変更する。いわば自助努力でキャリアの扉を切り開いてきた。1997年に人事部課長、2003～2009年まで経営改革室やCSR部などで管理職を務め、資生堂の男女共同参画リーダーとして女性管理職登用30％の基礎をつくった。

財団でノウハウ学ぶ

山極は「1995～97年に21世紀職業財団に両立支援部事業課長として出向した。実は94年にも永嶋取締役から財団に行って学んでほしいと打診されていた。ところが事業部内で初めて新商品発表会プロジェクトリーダーに私を任命したこともあって、出向を部門長が断った。翌年にもう一度財団への出向要請があり、応じることを決めた」と振り返る。出向をきっかけに男女雇用機会均等法や育児・介護休業法など働く女性に関わる法律を一から学び、企業における女性活躍推進や仕事と育児・介護との両立支援事業などに取り組んでスキルとノウハウを身に付け、１９９７年に満を持して資生堂に復職。人事部課長に就き、女性活躍の企業風土を醸成するジェンダーフリー活動をスタートさせた。ただ社内は相変わらず男性中心組織で提案は思うように通らなかった。「論理的に上層部を説得しなければ何も進まない」と山極は考えた。目を付けたのが男女社員の年齢構成だ。当時団塊世代を中心とする50代男性が全男性社員の４割を占めていた。彼らが定年退職していく5年後、10年後をシミュレーションし、女性社員比率が著しく高まることを指摘した。人事部内にも社内のいびつな年齢構成に危機感を持っている若手男性社員が多くいた。彼らを交渉の前面に立て、女性社員が活躍できる道筋をつくらないと組織が成り立たなくなると説得し、ようやく動き始めた。

同年に福原義春は社長から会長へ退くが、女性管理職登用を実現するという情熱はポストが変わっても持ち続けていた。その甲斐もあって２０００年に男女雇用機会均等推進企業として労働大臣努力賞を受賞している。

ジェンダーフリー活動

改革の第一段階は現状把握だ。女性活躍を妨げる課題を探るために1998年10月に「女性のエンパワーメント2000」という社内横断プロジェクトを立ち上げて、ヒアリング調査を実施した。その結果、性別によって仕事上の役割も異なるといった「ジェンダー意識」が職場に根強いことが浮き彫りになった。電話の取り次ぎや郵便物の仕分け、コピー取りといった補助的業務を女性の仕事だと決めつけたり、責任ある仕事を女性に任せるのは荷が重いと考えたりする男性社員が多くいた。

一方、女性社員のなかにもこれらを受け入れ、女性だから補助的業務で十分だと考える向きもあった。制度で男女均等を進めようとしても社員の意識が変わらなければ女性の登用は進まない。そこで2000年1月に人事部内に「ジェンダーフリー推進プロジェクト」を立ち上げ、翌01年10月には清水重夫副社長（当時）を委員長として「ジェンダーフリー委員会」を設置し、会社を挙げて意識改革と女性登用を進める体制が初めて整った。

2000～04年度のジェンダーフリー活動で資生堂は5つの行動目標（ポジティブアクション）を立て、実行している。それは①ジェンダー意識の解消とジェンダーフリーの考え方の社内定着②管理職の意識と行動の改革、③女性社員の意識改革、④人事制度の見直し、⑤女性の管理職への積極登用——だ。

ゼロベースから女性活躍に取り組むとき、効果を上げるために重要な要素が3つある。社員の意識改革・職場風土改革、活躍を妨げる人事制度の改定、実効性の担保だ。資生堂の5つの行動目標をこれらに当てはめれば、①～③が意識改革・風土改革にあたり、④で女性の人材開発を妨げていた要因を排除し、⑤で計画的な実行を促している。5つに同時並行的に取り組むことで女性登用は滞ることなく円滑に進む。

取り組みをさらに具体的にみてみる。①では役員や管理職、男女社員を対象にジェンダーフリー研修を実施した。基幹業務は男性が担い、女性は補助業務に徹するといった誤った認識の解消に努めた。男女がともに活躍できる職場づくりを目指そうと小冊子を作成して社員に配布した。②は主に人事部主導の管理職研修で行われた。現場を預かる管理職が「女性は管理職に向かない」「責任ある仕事は女性には荷が重い」といった意識を持っていると、昇進・昇格やスキルアップにつながる仕事は男性部下に優先して任せてしまう。潜在能力に差がなかったにしても、機会に恵まれなければ人事考課で差がつき、昇進・昇格で女性が男性に後れを取るのも当然の結果だ。先入観を持たずに女性にも難易度の高い仕事を積極的に与え、出した成果についても性別にとらわれず公平に評価するように管理職へ研修で働きかけた。

③の女性の意識改革は特に重要だった。男女が別々の役割を担っていた企業風土では女性社員は無意識のうちに組織文化に見合った価値観や立ち居振る舞いを身につける。「管理職は女性に向かない」「難しい仕事はできない」などとスキルアップやキャリアアップに自己規制してしまう。特に女性活躍に舵を切った直後は、過去の呪縛からなかなか抜け出せない。研修などを通じてやる気を鼓舞したり、「私たちもできる」といった自己効力感を高めたりすることで、女性たちの背中をやさしく押してあげることが大切だ。

女性の意識改革を促す

2000年度に管理職一歩前（係長相当職）の中堅女性を対象に「ステップアップフォーラム」を始めた。2泊3日の集合研修で、これまでに成し遂げた実績を振り返り今後の努力目標を立てたり、職場でリーダーシップを発揮するための知識・スキルを学んだりした。日常業務では接点がない女性社員同士のネットワークを形成し、互いに刺激し合いながら上を目指す動機付けも研修の狙いであった。2000～01年度の2年間で合計440人強の女性社員が参加した。

当初2年間は希望者を募り、フォーラムを開いていたが、3年目に職場の上司に研修参加者を推薦する方式に変更した。「希望方式だと会社が来てほしいと思う女性が参加してくれないこともある。期待している人材なのに『職場の先輩が出ていないから』と遠慮して手を挙げない」（山極）。名称も「パワーアップ研修」に変更し、管理職育成をより意識した実践的な内容を加えた。大きな変更点は男性社員からの要望に応え、男女を対象にしたことや２泊３日の集合研修のほかに３カ月の通信教育を課したことだ。研修受講者は経営の手法やビジネス文書の書き方などを学び、毎月リポートを提出した。人材育成においても長年男性優先の風土があったため、同年代の男性社員と比較して女性社員は管理職に必要なマネジメントスキルが身についていなかった。それを補う狙いがパワーアップ研修にはあった。

２００２～04年度の３年間で計２００人強の女性社員がパワーアップ研修に参加し、そこから多くが管理職に実際に昇格した。

④の人事制度の見直しはコース別人事制度の廃止だ。１９９０年代の資生堂は社員を「総合職」と「事業所限定職」の２つに分けて雇用管理していた。名目上は性別と関係なく、職務内容でコースを分けていたのだが、実質的には事業所限定職のほとんどは女性社員で、男性社員が総合職として中核業務を担い、女性社員の多くは事業所限定職としてデータ入力や伝票整理といった定型業務も担っていた。難しい判断力を必要としない定型業務では多様な職務能力が

身につかず、キャリアアップに限界があった。そこで2001年に「総合職」と「事業所限定職」を統合し、性別にかかわらず基幹業務を担えるように雇用管理区分を変更した。

⑤では、女性管理職比率を2004年度までに20%に高めるという目標を掲げて、その実現に向けて管理職や部門長に女性の計画的な育成と積極登用を促した。2000年当時の女性管理職比率は5%だから、04年度20%というのはかなり思い切った目標設定だ。具体的な数値を掲げることで2000〜04年度までの5年間、女性登用に継続的に目を向けさせる狙いがあった。ただささすがに目標設定が高すぎて、20%には遠く及ばなかった。それでも毎年確実に女性管理職比率は高まり、04年には10・4%に上っている。5年間でほぼ倍増し、ジェンダーフリー活動は一定の成果を上げた。

ありとあらゆる支援策を検討するなかで、2000年に仕事と子育ての両立支援でユニークな取り組みを始めている。育児休業職場復帰支援プログラム「w・i・w」の開発・導入だ。育児休業制度の導入から10年を経て、取得者は年間300人を超えていた。就業継続が可能になった一方で復職後のキャリア形成の遅れが新たな問題となっていた。

育児休業は最長3年、2人目、3人目を授かれば通算で5年まで取得できる。実際に上限いっぱいまで取得する人はほぼいなかったものの、職場から離れている時間が長くなればなるほど家事・育児に専念してしまう。それに休業中は会社から孤立し、仕事に関する情報が途絶え、出産前に身につけた知識や能力もやがて錆び付いてくる。こうなると復職してもすぐに戦力とはならず、能力や知識、意欲が出産前と同レベルに回復するまで時間がかかる。そこで考案したのが「w・i・w・i・w」だ。当時急速に普及していたインターネットを活用した復帰支援プログラムで、自宅のパソコンで会社の最新情報を入手できるほか、オンラインでビジネススキルアップ講座を受講できる。職場の上司と定期的に情報交換でき、掲示板の設置により同じ育児休業中の仲間と接点を持ちながら育児や復帰に向けた相談と情報交換ができることで働くモチベーション維持にも役立った。

復帰後の社員の立ち上がりが早くなると社内で高評価を得た資生堂は、仕組みを汎用化して「w・i・w・i・w」の事業化に着手する。資生堂に限らず、多くの企業が同様の悩みを抱えていたからだ。その後同サービスの販売・運営は現在山極が社長を務める株式会社w・i・w・i・wに移管された。2016年4月現在、全国615社が導入しており、キャリアと子育ての両立を支援する重要な情報インフラとなっている。

福原義春が主導した「ジェンダーフリー活動」は2000年代前半に一段落付いた。女性管理職比率の目標は達成できなかったが、10%超という数字は当時の大手企業のなかでは高い部類だ。2004年度には「ジェンダーフリー活動」をはじめとする女性登用の取り組みが評価され、国の均等推進企業表彰でグランプリに相当する「厚生労働省大臣最優良賞」を受けた。このときすでに社外からも女性活躍推進企業と目されるようになっていた。一定の成果を上げたことで、もうこれ以上女性活躍推進に力を注ぐ必要はないだろうという意見も社内に強くあった。だがここでも経営層は手綱を緩めなかった。女性活躍推進の第2幕が間もなく始まった。

3 女性活躍推進、第2幕

女性行政のプロ来る

第2幕の牽引役は元副社長の岩田喜美枝だ。岩田は東京大学を卒業後に労働省（現厚生労働省）に入省し、男女雇用機会均等法などの考案に携わった。厚労省雇用均等・児童家庭局長を2003年8月に退官し、浪人生活をしていたところ同年12月、資生堂に常勤顧問として迎えられた。いわば女性活躍推進のプロフェッショナル。それまで行政側として振るってきた手腕を民間企業で試すことになった。局長を退官するとき、厚生労働省は天下り先を岩田に示している。長年行政の仕事をしてきた岩田は一度企業で働いてみたいと誘いを断った。当時資生堂の社長を務めていた池田守男は高校（香川県立高松高校）の先輩でもあり、自ら池田に就職活動をかけて資生堂に入社した。池田も、岩田がただ後輩だという縁で受け入れたわけではない。資生堂は女性活躍先進企業として社内外で高く評価は得ていたものの、当時社内取締役に女性がいなかった。「女性を主たる顧客としていながら経営判断を下す側に女性が1人もいないのはいかがなものか」。毎年のように株主総会で質問されていた。役員にふさわしい女性を池田も探していた。2004年6月の株主総会を経て岩田は取締役執行役員に就く。

岩田の仕事は04年4月に本格稼働する。新設するCSR部の部長に就任し、資生堂全体のCSR事業戦略の立案を任された。環境対策や社会貢献活動などとともに池田は女性活躍推進をCSR活動の柱に据えた。当時の状況を岩田は「資生堂の女性活躍が他社より進んでいたが、女性管理職比率の伸びは鈍化しており、頭打ち感があった。せっかくトップ企業だと評価されているのだから、トップであり続けたい。活動をやめたらすぐに他社に抜かれてしまう」と振り返る。CSR部には山極清子と、育児休業から復帰したばかりの本多由紀も配属になった。新旧の人材がそろい、女性活躍推進に加速がかかった。

ただ再度繰り返すが、当時女性活躍に関連して社内が一枚岩であったわけではない。「行政でできなかったことを資生堂で実験しようとしている」と岩田を影で批判する声もあった。既得権を握っている男性は女性優遇を嫌がる。他社に先駆けて数々の施策を手掛けていたのを盾に「すでに資生堂に女性差別は存在しない」と主張する男性幹部社員もいた。女性社員比率に比べて、まだまだ低い女性管理職比率はまるで眼中にないようだった。

女性管理職比率の数値目標に女性も反対

部門長クラスと当事者である女性社員を交えて検討部会を夏に立ち上げた。経営戦略として女性活躍推進に取り組む以上、実行年度を区切った行動計画が必要だ。最大の懸案は女性管理職比率の数値目標だ。岩田は行動計画に具体的な期限と数字を入れたいと思っていた。だが検討部会では当初は積極的に賛成する者は岩田以外に誰もいなかった。男性は「数字が独り歩きして能力がない女性が管理職に就くと、周囲も職場も困る」と主張した。意外だったのは女性も誰ひとり賛成しなかったことだ。その理由は2つに分かれた。1つは「そこまで仕事で重責を負いたくない」というもの。そしてもう1つは「管理職ポストは実力でつかむから余計な後押しはしてほしくない」という見方だ。後者は均等法施行後に入社した女性総合職に多かった。会社の方針で実力もないのに昇格した――将来自分が管理職に就いたとき、周囲にそうみられるのが我慢できないという主張だ。

孤軍奮闘の状況でも岩田は数値目標の設定を譲る気はなかった。通常の経営課題はPDCAサイクルを回す。PLAN（計画）、DO（実行）、CHECK（評価）、ACTION（改善）の4段階を繰り返すことで課題は確実に改善していく。数値目標がなければ取り組みの評価は難しく、PDCAサイクルは回らない。女性活躍推進を経営課題に位置づける以上、数値目標の設定は欠かせなかった。

「数値目標は立てるが、昇進は実力本位。昇進・昇格で女性優遇は絶対にしない」と岩田は繰り返し説明して、反対派を説得した。目標は立てるが、女性優遇はしない――文面だけみると矛盾しているような印象を受ける。優遇もせずにどうやって高い目標を達成するのか。その真意を岩田は「昇進・昇格を決める段階では男女関係なく候補者のなかから実力本位で選ぶが、そこに至る育成段階では男性より女性を優遇するということ」と説明する。

女性管理職比率の目標設定を巡っては今も多くの企業で賛否が分かれている。特に女性活躍推進法が2016年4月に施行され、女性の登用計画づくりが各企業（従業員301人以上）に義務づけられたため、目標数値を行動計画に盛り込むか否かに企業の関心が高まった。反対派の主張はまさに資生堂の当時の反対派の理由にほぼ集約できる。能力不足のまま管理職に就けても役割を十分に果たせず、組織のためにならないとする主張だ。「ポストが人を育てる」

とする考え方もあり、無理をしてでも昇進・昇格させるべきだという意見もある。ただポストを女性に奪われた男性社員に不平・不満が蓄積し、職場全体の士気が下がる恐れも一方である。こうした懸念を考慮したうえで、女性管理職比率の目標数値設定を否定する企業も多い。

数値目標も達成プロセスは主に2つの考え方がある。1つは目標達成を最優先し、優秀な女性を上位から順番に管理職に上げる方法だ。「結果ありき」の考え方で、結果の平等を求める手法といえるだろう。もう1つの戦略は岩田が主張する機会の平等を求める手法だ。間接的な効果しか期待できないので計画通りに数値目標を達成できる確証はない。ただ先に挙げたような数値目標設定反対派の主張に対抗できる。いずれも一長一短ある戦略だ。

育成機会を優遇するだけで効果があるのか。即効性には欠けるものの、日本企業の女性登用では案外、機会の平等施策が効果を発揮する。人材の能力開発はそもそも職場の働きかけに大きく左右されている。どんな仕事を与えるか。どんな研修を受けさせるか。本人の資質・才能もあるが、社会人になって以降の経験が人の成長の糧となっている。

本来、男女に潜在的な能力差が顕著にあるはずはない。意識的か無意識かは別として、会社や上司の育成手法に男女差があるため日本企業では時間の経過とともに男女の能力差が開いていく。過去に付いてしまった育成機会の格差を一時的な女性優遇で穴埋めできれば管理職にふさわしい実力を備えた女性は必ず育っていく。育成機会の平等をどう進めるかは工夫も必要だ。資生堂の事例は、それが不可能ではないことを示している（工夫の詳細は章末の岩田氏インタビューで紹介）。

2013年度末30％の目標設定

役員会の承認を経て2005年に策定した「第一次男女共同参画計画アクションプラン20」に「2013年度末女性管理職比率30％」という具体的な目標数値を盛り込むことに成功した。当時から政府は「202030」（2020年までに指導的立場に占める女性比率を30％に高める）を掲げており、30％目標はすぐに決まった。問題はそれをいつまでに達成するかだ。

岩田は人事部にシミュレーションを依頼した。女性社員をリストアップし、入社年次や現在の仕事、人事評価などを基に、誰がいつ管理職に昇格しそうかを一人ひとり積み上げて、将来の女性管理職比率を推計してもらった。難なく達成できるレベルでは目標といえない。かといって達成不可能な非現実的な数値では計画の意味がない。努力を続ければいつ30％に届きそうか。そこから2013年度末をはじき出した。残念ながら、このとき立てた目標は達成できなかった。ただ30％にはもうすぐ手が届くところまで来ている。「実は最初の人事部のシミュレ

第一次男女共同参画行動計画（2005～06年度）

課題	アクション
社内風土の醸成	● 行動変革に向けた社内コミュニケーションの強化 ● 事業所単位でのジェンダー平等の推進 ● 男女共同参画部会開催
女性リーダーの育成・登用	● リーダーの責任・権限・処遇の見直し ● 女性リーダー比率目標値設定 ● 会議体への女性参画促進 ● 全国コース社員の人事育成型人事異動の強化 ● 事業所コース社員の人材育成型人事異動の強化とコース見直し ● ジョブチャレンジ／FA制度の飛躍的拡充 ● リーダー育成・支援のための社内教育の強化 ● メンタリング制度の施行
働き方の見直し	● 働き方見直しプロジェクト始動
仕事と出産の両立支援	● 育児・介護制度等ガイドブック作成 ● 妊娠中も安心して働ける職場づくり ● 妊婦のための制服導入 ● 育児休業・育児時間が取りやすい職場環境づくり ● 男性の育児参画促進 ● 子どもの看護休暇の導入 ● 事業所内保育所・学童保育支援、wiwiwの利用促進 ● 配偶者の転勤等を考慮した支援制度

ーションでは2013年度末の女性管理職比率は10％台半ば程度だったと記憶している。期限通りに実現はできなかったが、手が届きそうで届かない高めの目標を設定したからこそ、努力を続け、ここまで来られたのだと思う」と岩田は話す。

2005年6月に池田守男社長が退任し、前田新造が社長に昇格した。経営トップは交代したものの、女性活躍推進は変わらず経営戦略でありつづけた。むしろ女性活躍推進にかける情熱は前田の方が上回っていた。先述したカンガルースタッフ制度の新設はその典型例だ。女性活躍を阻む具体的な問題を指摘し、その改善を求めるのが前田のスタイルだった。ＣＳＲ部や人事部が挙げる課題にも真摯に耳を傾け、様々な新規施策も打ち出している。例えば夫が転勤する女性社員への配慮もその１つだ。

結婚・出産しても辞めずに済む施策を整えてきたが、２０００年代になっても女性社員の就労継続を阻む障害が１つ残っていた。それが夫の転勤問題だった。共働きで、まして子どもがいるとなると夫に転居を伴う転勤辞令が出ると、妻は仕事を辞めて転勤先についていってしまう。せっかく育成してきた人材が夫の転勤を理由に退職するのは忍びない。そこで08年に「育児を目的として配偶者同行制度」と「配偶者の海外転勤に伴う休業制度」を新設した。同行制度は、夫の転勤先に資生堂の職場がある場合、そこへの異動を希望できる仕組みだ。転勤に同行しても資生堂の社員としてそのまま働き続けられる。海外転勤に伴う休業制度は３年を上限に休業を認め、資生堂への復帰を認めるものだ。いずれの制度も夫の勤務先は問わず、資生堂以外の会社に勤めている場合も利用可能だ。

男女共同参画計画は前田の下で、その都度成果と課題が検討され、次ページの第二次計画（２００７～09年度）、第三次計画（10～13年度）まで続いた。内容の変化をみてみると、生産性向上を意識した長時間労働の是正が計画のなかで、重要性が増していることが分かる。

第二次男女共同参画行動計画（2007～09年度）

課題	アクション
社内風土の醸成	● 男女共同参画風土の醸成
女性リーダーの育成・登用	● 育成・登用の比率目標の設定 ● 人材育成型人事異動の強化 ● リーダー育成・支援のための社内教育の強化 ● ジョブチャレンジ／社内FAの周知・拡充 ● 専門職制度の導入 ● 異業種ネットワークへの参画促進／メンタリング制度の強化
働き方の見直し	● 生産性向上と社員の健康管理、労働環境の整備 ● 在宅勤務など柔軟な働き方の導入
仕事と出産・育児の両立支援	● 育児時間の取得期間延長など両立支援制度の拡充 ● 男性の育児参加を促進 ● 配偶者の転勤等を考慮した支援制度の整備 ● 妊娠から出産、育児中も安心して働ける職場環境づくり
次世代育成のための社会貢献	● 若年者のキャリア自立支援 ●「資生堂へ子どもを招待する日」開催

第三次男女共同参画行動計画（2010～13年度）

課題	アクション
女性のリーダー任用と人材育成の強化	● 一人別人材育成計画の立案と推進 ● 職域経験の拡大を目的に女性社員の人事異動強化 ● 女性の意識向上のための「キャリアサポートフォーラム」全国開催
生産性向上に向けた働き方見直し	● 残業時間短縮など業務改革の確立 ● 生産性向上の尺度づくりと業績評価・人事評価への反映 ● 育児・介護との両立を目的に在宅勤務制度の導入

出所：資生堂資料より作成

長時間労働と女性活躍推進は無関係のようでいて、トレードオフの関係がある。第一次計画を進める過程でその問題に気付き、第二次計画から長時間労働の是正に会社を挙げて取り組むことにした。例えばなぜ子育て期の女性が育児時間を使って短時間勤務を選ぶのか。短時間勤務は仕事経験が不足してキャリア形成が遅れるリスクがあり、女性活躍を進めるためにはできるだけ早期にフルタイム勤務に戻ってほしいと会社は考えていた。

子育て期の女性にヒアリングしてみたところ、定時に帰宅できるのであれば短時間勤務をしなくても仕事と育児の両立はできるが、育児時間の利用を辞めてフルタイム勤務に戻ると途端に残業を断れなくなり、その結果、保育園への迎えの時間に間に合わなくなるため、育児時間の利用を続けている人が多いと分かった。

毎日２時間の残業が常態化している職場で例示してみる。資生堂の１日の就業時間は７時間45分だ。育児時間を使って２時間短縮すれば１日の就業時間は５時間45分ですむ。ただフルタイム勤務に戻ると、７時間45分プラス残業２時間で計９時間45分働かなくてはいけない状況だった。育児時間を使うか否かで、１日当たりの就業時間に実質４時間もの開きが出ていた。これでは子育てに十分な時間が割けず、余力を持ちながらも１日５時間45分の短時間勤務を選んでいた。

残業の常態化は子育て期の女性の人事評価にも響いていた。フルタイム勤務で成果をしっかり上げていたとしても、定時で帰る場合、残業が多い男性と比べて評価が下がる傾向があった。管理職側は時間当たりの生産性で働きを評価せず、労働時間の長短を基準に評価しがちだったからだ。

長時間労働は女性の活躍推進を直接妨げはしないが、間接的に女性に不利に働いていると判断し、第二次計画以降、無駄な仕事を洗い出してその削減に努めるなど女性活躍推進施策の一環として改善に取り組んだ。これら間接的な取り組みも影響し、女性管理職比率は計画開始以降、ずっと右肩上がりを続けている。

4　女性管理職を育てる工夫

岩田喜美枝氏に聞く

資生堂は「登用で女性は優遇しない」と断言し、昇進・昇格はあくまでも実力本位で決めているという。

どうやって女性社員を育成してきたのか。女性活躍推進を牽引した岩田喜美枝元副社長に創意工夫を聞いた。

——女性管理職目標の設定はかなり抵抗が強かったようだが。

「原案を議論する部会で当初は私以外、積極的に賛成する者は誰もいなかった。でも経営戦略として取り組む以上、目標数値がなければ具体的な対策を立てようもない。反対の理由はいろいろあるが、本音ベースでいえば、男性は力不足の女性に自分が就くべきポストを奪われることを嫌がり、女性は自分が管理職に上がったときに『数値目標のおかげでしょ。能力もないくせに』と思われたくなかった。いずれの懸念も昇進・昇格段階で女性を優遇したときに起こる問題。だから登用で女性を絶対に優遇せずに誰を管理職に上げるかの判断は実力本位で行うと繰り返し説明して納得してもらった。実際に誰ひとり女性管理職は優遇していない」

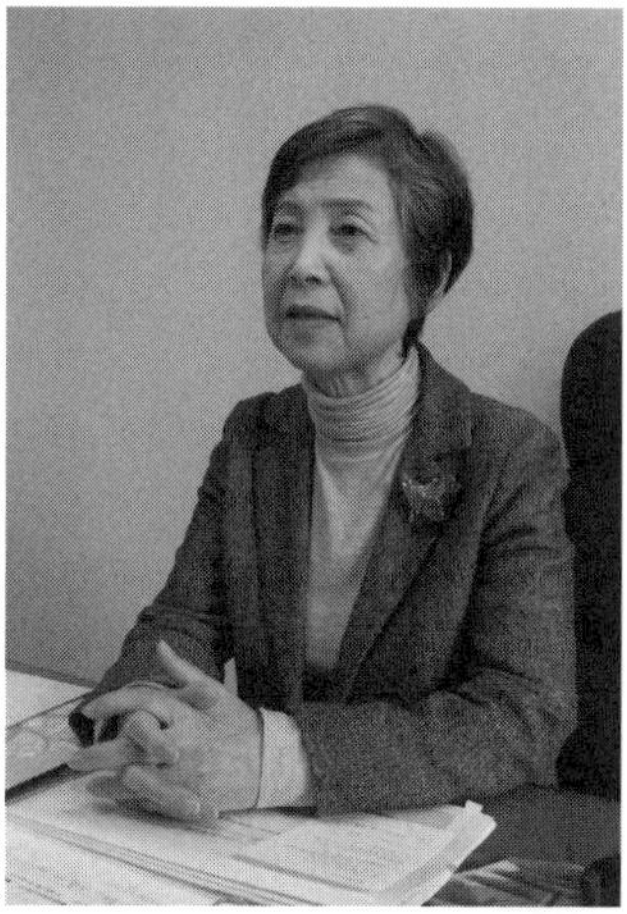
岩田喜美枝資生堂元副社長

——優遇もせずにどうやって女性管理職を増やしたのか。

「『登用で優遇はしないが、女性の育成は急ぐ』と社内に説明し、徹底していた。長年の育成手法で男女差があったため、結果的に男女間格差が生まれていた。その格差を埋めるために育成では女性を優遇していた」

「例えば選抜型の研修。資生堂は社内大学院『エコール資生堂』で社員の専門性を育てている。そこでは次期経営幹部教育も行っていた。部門長クラスを対象に次期執行役員を養成する『BL（ビジネスリーダー）研修』と、グループリーダーを対象に次期部門長を養成する『NL（ネクストリーダー）研修』だ。いずれも1年間コースで集合研修や課題提出を課して鍛え上げる。毎年十数人が参加する。誰を参加させるかは各部門がつくる受講者候補者リストから役員らが議論して人選する。ここで女性社員を優先的に選んでいた。30%が目標なので理想は受講生の30%を女性にすることだが、さすがにそれだけ数がそろわない。せめて毎年複数の女性を受講生に入れていた。黙っていると候補者リストに女性が1人も入っていないこともあった。その場合はリストをつくり直してもらったこともある。この研修は狭き門。研修後は受講生を評価し、順位も付けていた。それは昇進の参考にもしていた」

本人にも知らせない育成プラン

「最も効果があったのは一人別《いちにんべつ》育成プランだと思う。一般社員は当時SⅠからSⅢの職能資格制度があった。SⅢが管理職一歩前の階層だ。SⅢ層のなかで管理職になりそうな女性を一人ひとりリストアップ。人事部とその女性の上司が協議して、個別に育成プランを立てていた。いつごろどこに異動させるか。どんな社内外の研修を受けさせるか。今の所属している部署で担当している仕事のレベルは軽すぎないか。そんな視点で育成プランを考えた。仕事で成長するには適度な負荷が大切だ。簡単すぎる業務内容ではどんなにこなしても力は付きにくいし、過度に負担を掛けては達成がおぼつかない。適度なストレッチが人を育てる。それを意識して1年に1回、人事部と上司が面談して育成プランの内容を修正していた。誰がリストに挙がっているかは一部の人しか知らない。たぶん当事者の女性も気付いていなかったと思う。本人に知らせた方がモチベーションは上がるかもしれないが、候補者全員が管理職に上がれるわけではないので本人にも伝えていなかった」

「一人別育成プランを始めたのは第二次男女共同参画行動計画以降。第一次計画で2013年度30%の目標数値を立てた。途中の目安として2007年20%、2010年25%の目標を持っていた。ただ第一次計画の進捗状況は十分ではなかった。30%の目標を実現するには取り組みを加速しなければいけないと考えて、一人別育成を導入した。全社の管理職人数はおおよそ分かっているので、目標を達成するには、どのくらいの人数の女性管理職を育てなければいけないかが、すでに分かっていた。ただ、会社側の期待通りに全員が順調に育ちはしない。適度なストレッチをかけているつもりでも成長が思うように進まない人も出てくる。だから一人別育成プランは、目標達成に必要な人数の2倍弱くらいで実施していた。理想は3倍強。昇進・昇格段階で女性を優遇せずに実力本位で管理職を選ぶのであれば、そのくらい裾野を広げて育成していないと目標数値には達しない」

候補者リストのつくり直し

「前田社長の発案で始めた『人事委員会』制度も効果を上げた。スタートは２００８年ころだったと思う。本社部門長や全国事業所長の人事案を社長や私、人事担当執行役員らが参加する人事委員会で決める。原案は各部門と人事部が協議して候補者リストをつくる。それを基に誰をどのポストに就けるかを議論する。候補者にとにかく女性が入っていない。すると前田社長が『女性はもっと候補者がいないのか』と先陣を切る。登用で女性を優遇しない方針は前田社長も貫いていた。ただ第一次計画で２０１３年度30％の目標を立て、社内外に公表している以上、達成責任は社長である自分自身にあると前田社長は考えていた。『これでは目標が達成できない』とよく発言し、人事部に原案のつくり直しを命じていた。候補者は常に複数が存在している。1番手から厳密に順位が付くわけではなく、そのときの経営状況や部署に課せられるミッションによって必要とされる資質は変わる。もちろん候補者群にも入っていない女性は抜擢しない。ただどんな資質が必要かについて視点を変えると女性が案外、候補者に入ってくる」

——第三次計画で「キャリアサポートフォーラム」を実施。全国の会場を回り、女性社員に会社の子育て支援策に頼りすぎるなと苦言を呈しましたね。

「資生堂は1990年代から仕事と子育ての両立支援策の拡充に取り組んできた。08年に夫の転勤に伴う退職問題に対応する施策も導入し、両立支援に会社が打てる施策はほとんど打った。次の段階として女性の意識問題に切り込む狙いがあった。09年ころから子育て支援制度を過剰に使いすぎていやしないかと気になり始めた。例えば育児休業の取得期間。資生堂では最長3年まで使える。さすがにそこまで長期間取得する人は珍しいが、子どもが1歳を迎えた翌春まで取得するケースが普通にみられた。生まれ月によってはこれだと休業期間が2年に近くなる。育成目標を立てて育てようとしているのに、こんな使い方をされたのでは育成ができないと危機感を持った」

両立支援はセーフティーネット

「キャリアサポートフォーラムは全国の女性社員を対象に2010年度に開催した。対象は約1万人。地域ブロックごとに100~200人程度を集めて全国で順番に開いた。私はすべての会場に行き『会社の両立支援はセーフティーネット。制度を使わないと両立できない人は使っても構わないが、使う必要がない人はキャリア形成に熱を入れてほしい』と呼びかけた。両立支援策に甘えずに、もっと仕事に軸足を置いてほしかった。キャリア形成についても説明した。例えば人事異動の意義。同じ部署で同じ仕事をしていれば成長カーブは緩やかになる。会社は育てたいと期待しているからこそ人事異動させるのであり、嫌がらずに受けてほしいと伝えた」

「実はキャリアサポートフォーラムで何を話すかは、前田社長に事前に相談して決めた。『両立支援はセーフティーネット』は女性社員にやさしいといわれる従来の資生堂の姿勢から、ドラスティックに方向転換する内容だ。私自身は当時の状況を問題視していたが、会社が長年蓄積してきたものもあるし、全女性社員に公の場で話していいものなのか心配だった。事情を説明すると前田社長は『よし分かった。やりなさい。万一問題になったらフォローは自分がする』と背中を押してくれた。社長は男性で、私は女性。同じ内容であっても男性が話すと角が立つ。

お互いに言いやすい役割分担でもあったのだと思う」

——資生堂で女性活躍推進に取り組み、どんな課題がみえてきたか。

「2つある。1つは長時間労働の是正。もう1つは男性の家事・育児参画。この2つが実現しないことには女性活躍推進は日本で思うように捗らない。できれば育児休業から早く復帰して短時間勤務も早期に切り上げてフルタイム勤務になってほしい。そう女性社員に訴えてきた。なぜそれができないのかを聞いてみると、背景に長時間労働があった。フルタイム勤務に戻ると、いきなり残業がセットで付いてくる。それでは子育てとの両立はできない」

残された2つの課題

「残業も意識の問題だと思う。一時期、本社消灯時刻の午後8時を超える残業には担当役員の事前承認が必要とする仕組みを導入した。その初期段階で私のところに部下から残業申請が上がってきた。来週月曜に他部門の部門長に提案をしなくてはいけないのにまだ資料ができていないから残業したいという申請だった。その日は金曜日。週明けに提案を控えていた。でもよく考えてみれば金曜に週明けの提案が急きょセッティングされるはずはない。確かめてみたら前から日程は決まっていたが、資料作成が延び延びになっていたという。残業申請は認めないことにした。部門長に迷惑がかかるが、『岩田さんが残業を認めないので延期してほしい』と先方に説明し、『もしどうしても支障があるなら直接岩田まで連絡がほしい』と伝えさせた。厳しいかもしれないが、これはタイムマネジメントの問題。事前に分かっているのだったら、もっと早く時間を捻出して片付けておくべき仕事で、残業を認める仕事ではないと考えた。当初はときどき私に残業申請があったが、そんな調子で次々と却下していたら、その後、私が担当する部門から申請は上がってこなくなった。残業は避けるべきだと意識して計画的に働いていれば無駄な残業はかなり減らせる」

「男性の家事・育児参加の問題は解決が難しい。家事・育児は女性の仕事だとする意識があるから、女性社員は家事・育児を優先しなければならず、その分、キャリア形成が遅れてしまう。資生堂の利益だけを考えれば、うちの女性社員の夫に育児休業を取ってもらうのが一番いい。でもそこは直接働きかけられないので世の中全体が変わらないといけない。男性の意識も変わり、家族ともっと時間を過ごしたいと考える男性社員も増えている。だから社員の満足度を上げるために男性の育児参加を推奨し、促進するように努めた。でも資生堂1社だけの取り組みでは限界がある。女性の活躍推進を社会全体で実現したいなら、男性が家事・育児に積極的に関われるような社会に変えていかないと難しい」

第6章

ダイバーシティ経営
——魚谷雅彦社長語る

1987年の福原義春社長就任に始まった女性活躍推進。当時は女性社員比率は高いものの、その中身は他企業と同じく男性中心文化が組織に根付いていた。

そこからおよそ30年。女性が働き続けられる環境をまずは整え、その次に女性たちの潜在能力をいかに引き出すかに智恵を絞ってきた。女性管理職比率は30％に迫り、今や日本を代表する女性活躍先進企業となっている。

この先、どんなグランドデザインを描いているのか。魚谷雅彦に女性活躍推進を含むダイバーシティ（人材の多様性）経営の今後を聞く。

――ビューティーコンサルタント（BC）の働き方改革は「資生堂ショック」と名付けられ、一部から批判も浴びた。狙いは何だったのか？

「一部の報道に事実誤認を招く表現があった。資生堂が実際に取り組んできたことが正確に伝わっていない部分もある。例えば国内売上高の減少が働き方改革の理由だとする見方。育児時間を使うBCが増えた結果、顧客が増える夕方以降や休日に売り場で十分な人員を確保できずに売上が落ちたと報道されたが、そこまで短絡的に考えていない。売上回復のために販売ノルマをBCに課したというのも事実と違う。具体的な金額目標を持たせていた時代もあったが、

10年ほど前にBCの販売ノルマは撤廃した。それは今も維持している。遅番や休日勤務にしても会社側が一方的に勤務シフトには入れていない。一人ひとり個別に面接し、本人のキャリア育成を考えて勤務シフトの変更を促した」

「育児時間を使うBCが増えて、職場の不平等感が高まっていた側面はあった。資生堂は1990年代から子育て支援を拡充してきた。育児休業は最長3年取れる。育児時間も子どもが小学校3年生終了時まで使える。子育て支援策が充実している分、使っている人と使っていない人に働き方のギャップがあった。直接口にこそ出さないが、忙しい時間帯を前に帰ってしまうBCに、残る同僚らは『なんで私たちばかりが、しんどい思いをするのか』という雰囲気も一部の職場に出てきた。一方、制度を使う側も、心の中では後ろめたさを感じていた。『お先に失礼します』といつも言って帰るのは気苦労がかかる。それに働く時間が短い分、キャリアの向上が思うように果たせず、仕事の質が高まりにくいことにも不安感も抱えていた。他社に先駆けて1990

魚谷雅彦資生堂現社長

年代に導入した制度が慣習化してしまったことも1つの要因だ。職場に何となく漂う不平等感と当事者の将来キャリアが描けない不安感。その両者の解消を狙いに今回の働き方改革はスタートした」

「先ほども触れたが、国内売上高減少と働き方改革が結びつけられた結果、『売上回復のためにBCはもっと働け』といった誤ったメッセージが社外に広まってしまった。実際には会社はBCを単なる販売員とはみていない。その力を今まで以上に会社経営に取り込んで生かしていきたいと思っている。BCの働き方改革もダイバーシティ経営戦略の一環だ」

「2014年に私は社長に就いた。今後の資生堂のあり方を示す中長期戦略『VISION 2020』をつくった。これは15年度から20年度の6カ年度の経営方針を示すものだ。数値目標として20年度に売上高1兆億円超、営業利益1000億円超、ROE（株主資本利益率）12％以上を掲げた。その実現のために全社一丸となった『お客さま起点』を経営方針の中枢に据えた。研究、開発、生産、販売などすべてのプロセスを従来のような縦割りバトンタッチ方式ではなく、顧客の声に常に耳を傾けて、それを起点に全社が一気通貫で応えていこうという考え方だ。資生堂の社員のなかで日々顧客と接しているのはBCにほかならない。これまで以上にBCへの期待は高まっている」

「今、国内に約1万人のBCがいる。単純に計算してみても、1人のBCが1日5人のお客さまの相談に乗っていたら、それだけで5万人分の顧客の声がBCに蓄積していることになる。お客さまが何を求めてどんなことに悩んでいるのか、どういう風に伝えれば商品の良さが心に響くのか、商品に関してどんな不満を持っているのか。店頭のBCには、こういうことを会社に貫流することがあなたたちの重要な仕事だと、社長に就いてからよく伝えている。資生堂に限らず、日本企業はバブル経済崩壊後に人員を削ってきた。少ない社員で効率よく事業を回すために、社員一人ひとりの役割を細分化してきた。BCの役割もいつの間にか販売活動に集約されていた。そこは抜本的に見直したい。会社のBCへの期待が変化したのだから、BCにも働き方を変えてほしかった。活躍の場が広がるように遅番や休日の勤務にも入ってもらうようにした」

「勤務シフトの見直しは、現在会社が取り組んでいるBC活性化策の一部にすぎない。例えば15年度にはBCの正社員化を実施した。11年前からBCの新規採用は契約社員だけだった。そのなかで年間30人程度正社員に登用していた。現在1万人のBCのうち、2000人が契約社員だ。初年度は登用試験を経て数百人を一気に正社員登用した。今後も順次全員を正社員に切り替えていく。BCへの期待を見直すのだから、それに見合うように処遇も変える。新卒採用も増やす。16年春は新卒ＢＣを３５０人も採用した。もちろん全員が正社員採用。11年ぶりの正社員新卒採用だ。評価制度も頑張る人が報われる制度に変える。キャリアパスも開いている。例えば能力ややる気のある人は商品企画などの分野で活躍してもらいたい」

――だが、１０００人を超えるＢＣに勤務シフトを見直してもらうのは大胆な方針転換に思える。

「議論を始めて、すぐに切り替えたわけではない。制度の改悪とみられる可能性もあり、反発があるかもしれないという危機感もあった。子育て支援制度が充実していてライフプランが立てやすいから資生堂に入社した人もいる。働き方が変わるのであれば資生堂で働く意味がなくなると考えるＢＣも出てくる可能性もあった。人事部を中心にＢＣと面談する営業部長に研修を実施し、誤解や混乱が生じないように念入りに準備した。一人ひとりの事情をよく聞いて、できる範囲の対応をしてもらわなくてはならない。実家が遠かったり、仕事の都合で夫の協力が得られなかったり子育てだけでなく親の介護があったりしたら無理はできない。結果的に約30人はどうしても働き方の見直しができず、会社を辞めてしまったが、たいていのＢＣは『やってみよう』と受け入れてくれた」

「働き方を見直した予想外の効果も聞いている。夫の仕事が土・日曜休みの場合、子どもの世話を夫に任せて、土・日曜に仕事に出るようにしたBCも多くいる。『休日は家でのんびり休みたい』『友達とゴルフに行きたい』と当初は渋っていたものの、いざ子どもと接してみたら家事・育児への使命感が芽生えて父子だけの時間を楽しんでいるというケースだ。日本の父親は平日夜も遅く、子どもとの接点が少ない。働き方改革は働く女性を妻に持つ夫へのプラス効果もあったようだ」

――働き方改革から2年が経過し、経営に効果はあったのか。

「育児時間を使うBCが遅番や休日勤務にも多く入るようになり、売り場の顧客対応は強くなった。職場の不平等感も解消され、一体感が高まっている。ただ、そうしたストレートな効果だけでなく、働き方改革を進める過程で会社の考え方やBCに対する期待がすべてのBCに浸透し、活性化してきた。それは業績にも表れている。2015年度の国内売上高は2969億円で前年比11%の伸び、営業利益は305億円で同52%増。エリクシールやマキアージュといったBCが販売を担うカウンセリング化粧品が特に好調だ。国内売上高の増加は中国やアジアからのインバウンド消費の伸長も影響している。ただこのインバウンド部分でもBCは大きな役割を果たしている。来日観光客らはバスで来店し、一斉に購入する傾向にある。来店者が短時間に集中し、中国語や英語など様々な言語が飛び交う。そんな状況に的確に対応する力が

ＢＣにあるからこそ、インバウンド消費の市場でも資生堂は戦える。そして数字より重要なことは応対の質の向上だ。２０１４年度と比べて２０１５年度はＢＣの応対について2倍のお褒めの言葉をいただいた。特に個別の悩みやニーズに対する深いカウンセリングを評価する声が目立った」

「お客さまに美しくなってもらいたい。これは資生堂の伝統的な価値観だ。ＢＣはこの価値観を純粋に強く持っている。これまで会社はその思いをしっかりと受け止められていなかった。弱体化していたことへの反省がある。どうしたらＢＣが働きがい、やりがいを感じてもらえるか。今後も考えていく」

――会社全体の経営を考えたとき、ダイバーシティ経営はなぜ重要なのか。

「多くの日本企業は2つの課題を感じていると思う。1つはイノベーションをどう起こすか。技術的なイノベーションに限らず。ＩＴなどを駆使しながら、どれだけ他社と差別化できるか。人口減少局面に入り、これからは国内市場の拡大は望めない。独自の地位を築くカギはイノベーションにある。もう一つはグローバル化。資生堂も海外での売上高比率が半分を超えている。当社を含めて海外比率が伸びている会社は多い。グローバルにどうやって大きく稼ぐか。高度経済成長してきた日本は均一的な社会だった。今後は国籍も言語も、文化も異なる国際市場で戦っていかなくてはいけない。イノベーションとグローバル化。いずれにとっても重要なのがダイバーシティだ。イノベーションの源は、人と違うアイデアを出すこと。そのためにバックグラウンドが異なる様々な人たちが必要だ。性別、年齢、国籍、言語、文化、宗教、さらには年代や職業経験も違いを構成する要素だ。価値観が違う人がモザイクのように集まって、協力をしつつも意見をぶつけ合う。そのなかでアイデアが進化していく」

「資生堂に入社する前の日本コカ・コーラ勤務時代にダイバーシティの効用を身を持って経験している。私は5人のグループCEOに仕えた。キューバ人、アメリカ人、オーストラリア人の元数学教師、北アイルランドで生まれてアフリカで育った人、トルコ人。男性ばかりだったけど、少なくとも国籍、文化背景はそれぞれ違った。その下の経営層はさらに多様で、米国の会社だけど米国人ばかりではない。そういった環境に身を置いてみると何が正しいのかが簡単でなくなる。1＋1も当たり前のように2ではない。誰かが『1＋1はなんで2じゃないといけないのか？』と言い出す環境。でもそこで『2に決まっているだろう』と決めつけない。本質的な問題から議論をすることで、当初は想像もしないソリューションが出てくる。2時間で終わるはずの会議に5時間かかるなど手間暇はかかる。しかし違う価値観の人が集まると常識だと思ったことが翻ったり、できないと思ったことができるアイデアが出てきたりする。柔軟なアイデアも生まれる」

「資生堂は全世界でみれば61カ国もの国籍・地域の人たちが働いている。ただ日本の本社オフィスをみれば圧倒的に日本人。使っている言語も日本語。顧客の9割は女性なのに管理職は7割強が男性。多様な価値観のぶつかり合いが、企業の成長につながることをもっと意識しないといけない。資生堂社内で本当に価値創造のための十分に議論できているのか。本質的な考えや違いを十分にぶつけ合っているのだろうか。日本企業の文化がそれを良しとしないところもある。社長が決めたから、部長が言うから、とみんなが従う。でも、そこで少し考えてみてほしい。社長だって間違う。部長にも『そうはおっしゃいますが、こんなやり方はどうですか』と言い合う雰囲気が必要。それは組織を乱すことではなくて、アウトプットの価値を高めることになる。日ごろあまり発言機会がなくても、いろんな問題意識、アイデアを持っている女性社員もいる。その中には店頭のＢＣもいる。国籍や年齢、言語など多様性の要素は様々あるけど、日本ではその象徴が男女。そういった意味で当社はもっと女性活躍を進めてダイバーシティを実現していかなくてはいけない」

――女性管理職比率も30％に迫る。日本のなかでは女性活躍先進企業として知られるが、まだ十分ではないのか。

「常識からすれば世の中の男女は半々。30%の目標設定は重要だが、そこはゴールではない。特に資生堂はビューティービジネス。顧客の9割は女性で、その状況は今後も大きく変わらない。女性の経営への参画度合いが現状でいいとは思っていない。現在執行役員の女性は3人しかいない。役員らが参加する経営会議の意思決定の場にもっと女性を増やすことも考えなければいけない。男女にかかわらず意見を言ってもらう。総じて男女でいうと、女性の方が感性、クリエイティビティは高いと感じている。その力を発揮してほしい」

「商品開発の経営決定は特に女性の力がなければ難しい。先日も『社長、マスカラの新商品です』と試作品を渡されたが、使用者視点でどう判断すればよいのかにとても悩むことが多い。女性の部長に来てもらって使ってもらったら『これはすごく操作性がいい。画期的に使いやすい』と絶賛した。それで僕は即ゴーサインを出した。これが今の現実。本当は僕が判断するのではなく、女性たちが『ゴー』と言える立場にいる方が経営的にもプラスだ。そう考えていくと、もっと意思決定の場に関わる女性を人数、比率とも増やしたい。時期は断言できないが、当社のビジネス構造上、女性管理職比率は世の中の男女比と同じくらいにしたい」

——管理職など経営の意思決定に参加する女性を増やすには何をしなければいけないのか。

「女性にも成長してもらわないといけない。男女関係なく、会社の成長のために必要な人になってもらわないといけない。『家庭があるから』『そこまで責任は負いたくないから』と尻込みする女性はまだ多い。でも、これは本人のためだけではなく、会社の経営のためでもあるのだから、意識を変えてチャレンジしてほしい。社長だって女性がなってもいい。資生堂のような会社で女性社長が出なければ他の日本企業では女性社長はもっと誕生しにくいだろう。僕自身がダイバーシティ推進リーダーとして『育成塾』を主催し、経営に必要な能力アップ、リーダーシップ育成を支援していきたいと思っている」

「当社の男性社員は世の中の一般的な企業よりも意識が高いが、男性の意識も変えなくてはいけない。特に現在管理職に就いている40～50代層だ。仕事は男性、家事・育児は女性といった意識が抜けきっていない。いざ部下を育てようとするときに女性より男性を優先してしまう。この男性たちが職場で女性をもっと掘り起こしていかないと、仕事で活躍できる女性の裾野が広がっていかない」

「当社には『サクセッションプラン』という後継者育成の仕組みがある。役員や本部長、部長クラスが自分の後継者を誰にするのか。具体的に3人名前を挙げて、意識的に育成してもらっている。2016年から僕は少なくとも1人女性を後継候補に入れるように働きかけた。すると今までは全体の候補者の約9割が男性だったのに、今年は4割強を女性が占めるようになった。今まで女性を後継者にする思考がなかった幹部社員らが『どうすればいいのか』『どんな基準でみればいいのか』などと人事部に相談に行ったと聞いた。『やっぱり候補者がいません』と男性3人を候補に挙げてきた部門長もいたが、再考を促した。日本の会社なので、どうしても年功序列的な考え方が残っている。『自分に続く人は年次的に男性ばかりだ』と説明するので、そのさらに下の層に優秀な女性はいないのかと尋ねた。『それならいる』というので、ダイバーシティの視点から育成することの大切さを伝え、彼女を候補に入れるように要請し、納得してもらった。今は横一線でないかもしれない。2人の男性候補がそのポストにふさわしい能力を身につけるのに2年かかるところを、その女性は4年かかるかもしれない。でも最初からじっくりと育てることで、その育成期間が3年に短縮できるかもしれない。よくよく考えてもらうことで『この人、こんな良い面があるな』と女性の人材に目を向けてくれる。年功序列ではみえないところにいても、仕事の負荷のかけ方や助言の内容など育成方法が変わる。女性の名前を候補に入れることが最終的な目的ではなく、女性も後継者候補としてみる習慣を男性幹部に根付かせたい狙いがある」

「女性管理職比率の数値目標を設けて無理やりに実現することが良いとは考えていない。大切なことはフィフティ・フィフティのレベルで均等な機会が設けられているかだ。過去の年功序列に偏ったキャリア機会の風土や習慣が根付いているなかで、自分の後任に男性が就くことが当たり前と教えられてきた男性管理職が多いのではないだろうか。彼らの意識を変え、少なくとも機会を増やすために自分の統括する組織をよく見直し、活躍の可能性のある人材を男女隔たりなく、フェアに見いだし、成長の機会を積極的に提供できる会社を資生堂は目指したい。結果として女性管理職候補者が増え、成長機会が高まれば、おのずと女性管理職や女性役員が増えるはずだ」

――「資生堂ショック」では、「働く女性にやさしい」印象を持たれている資生堂だからこそ強く批判された側面もある。「働く女性にやさしい」看板は下ろすのか。

「当社は20年以上も前から子育て支援策を整えてきた。法制度を上回る育児休業や短時間勤務、事業所内保育施設の運営など女性が働きやすい仕組みを持っていることは間違いない。他社より先を歩んでいるので『女性にやさしい』という印象も持たれるのだろう。でも女性をただ優遇するだけではない。これまでつくってきた『やさしい会社』を基盤に働きやすさは今後も維持していくが、その一方で厳しさも必要だ。企業なのだから会社の成長にどれだけ貢献してくれるかも当然評価する。やさしいだけでは企業成長につながらない。働きやすく、かつ、働きがいのある会社を実現していきたい」

「グローバル時代になると、日本企業も厳しい国際競争にさらされる。だから高度経済成長期のような家族経営的な姿勢ではなく、かなりドライな組織や人材に関する考え方が広がった。でも私は、日本企業は人を大切にするという価値観を捨ててはいけないと思う。株主だけでなく、社員もステークホルダーとして重要視する。僕は1980年代に米国に留学した。そのころ日本は経済的に最高潮だった。人を活かす経営は、かつて日本企業の強みでもあった。強いチームワークがあって一丸となった日本企業の組織はすばらしいと、日本企業の経営姿勢に海外が関心を寄せていた。大学院で授業に出ると『こういう場合、日本の会社はどう対応するんだ』『チームワークはどうやってつくるんだ』とよく尋ねられた。組織論では日本が模範例であった。その後、バブル経済が崩壊し、日本企業は失われた20年の中で組織文化が変わってしまった」

「今、当社の海外法人で働く外国籍の社員に『なぜ資生堂で働くのか』と尋ねると、主に2つの理由を挙げる。1つは技術力。もう1つが人を大切にすること。欧米企業にない良さに目を向ける外国人もいる。過去に持っていた強みを敢えて捨てなくても、そこが国際競争力の源泉にもなりうる。世界で勝てる日本発のビューティーカンパニーを目指し、個の力を最大限に活かす経営姿勢は今後も維持していく」

第7章

女性活躍3つの誤解

2016年4月に女性活躍推進法が本格施行し、従業員301人以上の企業に行動計画作りを義務づけた。対象企業は全国でおよそ1万5000社を超える。女性社員が個性と能力を発揮して活躍できるように職場の現状と課題を把握し、数値目標も含む女性活躍推進策を国に届けなくてはいけない。少子高齢化で生産年齢人口が減少していくなか、企業間で優秀な人材の奪い合いが過熱していく。女性が働いてみたいと思う職場環境を整えた企業は人材の確保で優位に立てる。女性の力をうまく引き出せれば男性にはない発想や能力を企業活動に生かせて競争力も高まる。ただ女性活躍をほとんどの企業はこれまで特段意識したことはなく、いきなり行動計画を立案・実行しろと行政にいわれても有効な方策が見いだせていない。

資生堂に限らず、先進企業だと今日社外から評価を得ている企業も試行錯誤を繰り返してきた。男女雇用機会均等法施行から30年。女性活躍推進に取り組んだ企業は多数ある。結果を残した先進企業がある一方で、多くの企業は様々な手立てを試しながらも期待通りの成果を得ていない。両者を分ける要因は何なのか。資生堂の取り組みと比較検討してみると、結果が残せていない企業は女性活躍推進について「3つの誤解」がある。認識を改めることが女性活躍推進の近道だ。

1　子育て支援はゴールではない

子育て支援だけを進めても

「子育て支援を拡充しているのに、なかなか女性が活躍してくれない」。企業の人事担当者からよく聞く嘆きだ。子育て支援と女性活躍支援。いずれも主な対象が女性社員なので同じ範疇の取り組みと思われがちだが、本質は微妙に異なる。女性活躍を進めるために子育て支援は欠かせない措置だが、いつまでもそこに重点を置いていても女性活躍は進まない。これが多くの企業にみられる１つ目の誤解だ。

資生堂の過去の取り組みを振り返る。１９９０年代に育児休業と育児時間（短時間勤務）など子育て支援制度を導入し、２０００年代に入ると、さらに制度を使いやすいようにと内容を拡充した。働きやすさが高まって、結婚や出産を経ても働き続ける女性社員が増えた。ただ、働きやすさの向上は必ずしも女性活躍に結びつかなかった。子育て支援の拡充は社員のロイヤルティー（忠誠心）やエンゲージメント（帰属意識）を高めるプラス効果もあるが、その効果は限定的だ。昇進・昇格機会を増やしたり、キャリアアップの選択肢を広げたりするなど働きがいが高まる工夫を施し、女性活躍は軌道に乗った。序章で紹介した資生堂の「女性活躍3ステージ論の概念図」（P33参照）を改めて思い出してほしい。働きやすい職場環境は女性活躍推進の土台として必要だが、女性のやる気やモチベーションを高める施策が加わってこそ、女性活躍推進の舞台は完成する。子育て支援を整えて、結婚・出産を理由とした退社が減少したら、次の段階に進むタイミングだ。

子育て支援の充実度を横軸に、職場の男女均等度を縦軸にとって、それぞれの状況がどんな企業像になるかを概念図で示す。女性活躍推進の理想像は第1象限だ。仕事と家庭の両立を果たしつつ、管理職として活躍もできる。いつまでも子育て支援に重点を置く企業は第4象限に位置する。女性の勤続年数や社員に占める女性割合、ワーキングマザー比率などは伸びて「女性にやさしい」企業と評価はされるかもしれないが、仕事上では男性と同等に女性が活躍できないので企業経営への貢献度は低い。第2象限、第3象限の企業が好ましくないのと同様に第4象限企業も女性活躍推進が描く本来のゴールではない。

子育て支援と女性活躍支援の混同は社会全体でもみられる。女性活躍推進の旗を振った安倍晋三首相も、当初は誤解していたようだ。

職場の男女均等度と企業イメージの概念図

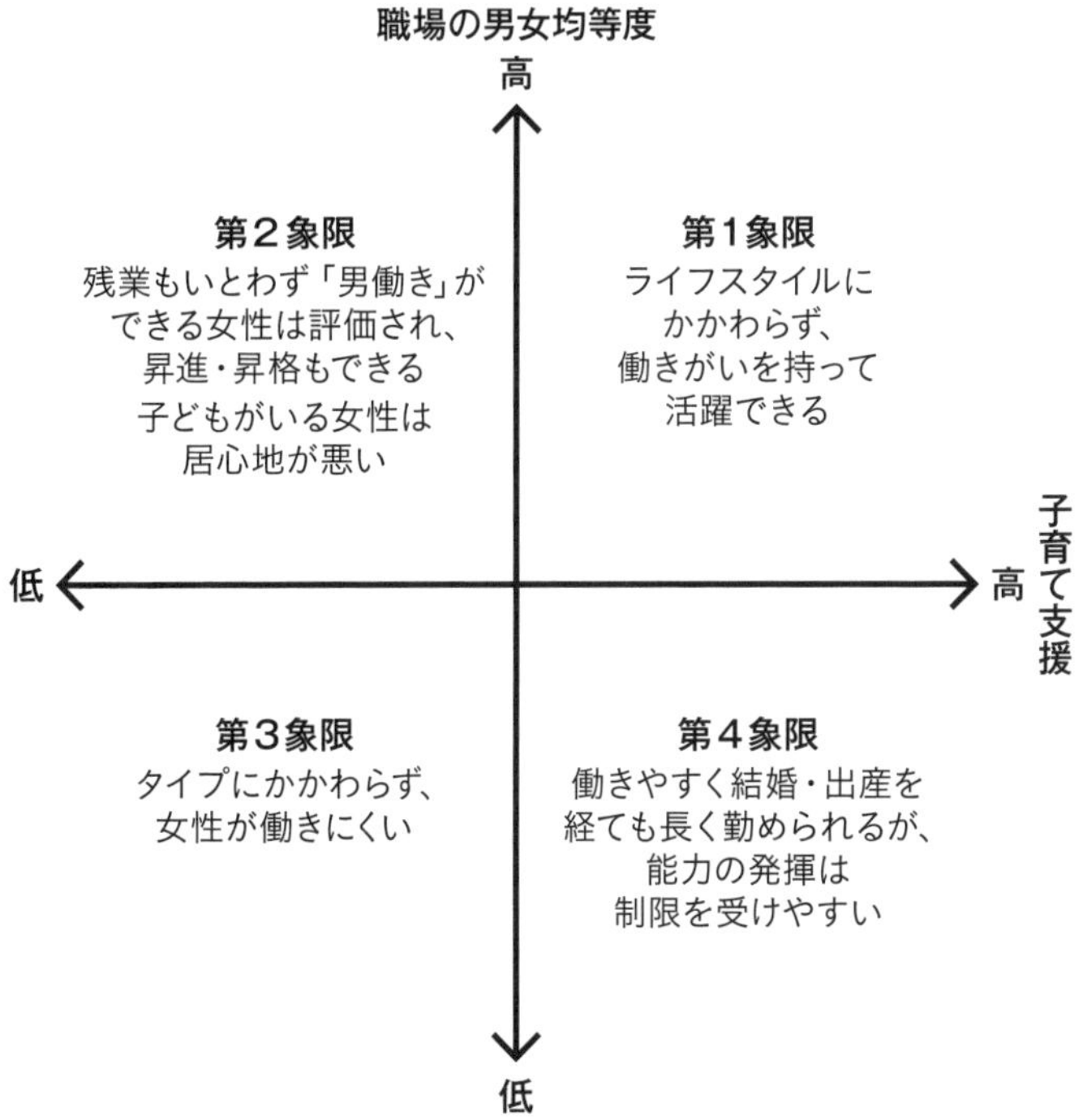

消えた〝3年間抱っこし放題〟

「本日、経済3団体の皆さまに自主的に『3年育休』を推進してもらうようにお願いしました」「『3年間抱っこし放題での職場復帰』を総合的に支援してまいります」

2013年4月19日の成長戦略スピーチのなかで安倍首相はこう表明した。この日、経済再生に向けた成長戦略の基本方針を発表した。成長戦略の中核に自ら位置づけた「女性の活躍」についても説明し、具体的な対策として「3年育休の推進」に初めて言及した。法制度は育児休業期間を原則子どもが1歳になるまでと定めている。それでは仕事と子育ての両立が難しく、不十分だと考えたようだ。首相会見の直前に経済3団体（日本経済団体連合会、日本商工会議所、経済同友会）トップと会談し、各企業の独自の取り組みとして育休を3年取得できるようにと要請もしている。

現時点（2016年4月）で成長戦略スピーチから3年経過した。このときの要請に応えて「3年育休」を導入した企業は寡聞にして聞かない。スピーチ直後は新聞やテレビなどメディアを賑わせたが、キャッチフレーズとして用いた〝3年間抱っこし放題〟とともに、いつの間にか姿を消した。

長期にわたる手厚い子育て支援は女性活躍の障壁となる――安倍首相の思いとは裏腹に経済

界は当時から認識していた。保育所が足りず、夫の協力も期待できない社会状況では女性社員の就業継続に勤務先の子育て支援は欠かせない。ただ制度の利用が長期化すると、子育て期のキャリア形成の遅れが取り戻せなくなる。おいそれと3年育休に乗るわけにはいかなかった。

働く女性の間でも「3年育休」は不評だった。もし3年育休が実現すれば、制度上は夫と妻の双方が取れるにしても、社会通念上、妻が主に利用することになる。ブランクが長くなると以前と同じように働けなくなり、「マミートラック」に追いやられてしまうと働く女性は懸念した。制度をめいっぱい使うか否かは個人の判断であり、子育て期の選択肢が増えることを歓迎する声もあった。ただ、マミートラックで働くことは、すべての女性が望むライフコースではなかった。

「3年育休」が広がらなかった舞台裏には、こんな事情もあった。

女性が仕事を辞める主たる理由は出産か

なぜ女性活躍施策のなかで子育て支援策が、ことさらクローズアップされるのか。それは少子化対策を企業に求める過程で「女性は出産をきっかけに6割が仕事を辞める」という言説が広まった影響があるようだ。数字自体は嘘でも誤りでもない。原典は国立社会保障・人口問題

あなたが学校卒業後、最初に就いた仕事を辞めた理由は何ですか（3つまで選択）

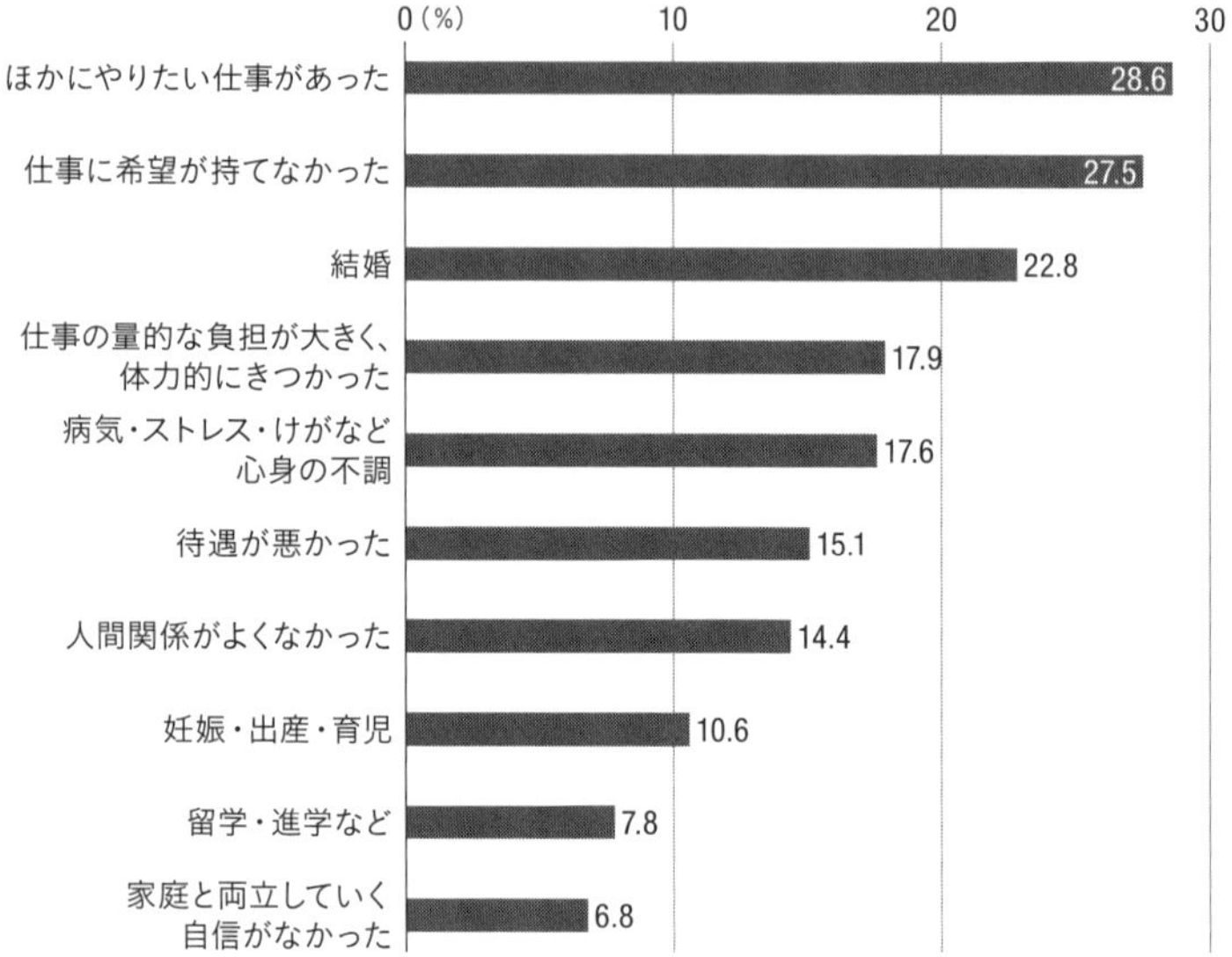

出所：日本女子大学現代女性キャリア研究所「女性とキャリアに関する調査」
短大・高専以上を卒業した25～49歳の女性5,155人が対象

研究所「第14回出生動向基本調査（夫婦調査）」（2011年）にある。正確に記述すると、第一子妊娠時点で就業していた女性のうち出産時点も就業していた女性の割合が38％だとする調査結果だ。

女性活躍を進めるには女性社員に辞めずに働き続けてもらわなければいけない。女性が退社する原因の排除は女性活躍推進の第一歩だ。「女性の6割が出産で辞める」はインパクトが強く、記憶に残る。少子高齢化が深刻な日本で、企業は社員が子

育てと仕事が両立しやすい環境を整える社会的責任はもちろん重要だ。ただ、冷静に考えてみると、妊娠前に仕事を辞めている女性社員もいるはずで、女性の就業継続が目的ならば、そこにも目を向けるべきだ。

日本女子大学現代女性キャリア研究所は2011年11月に「女性とキャリアに関する調査」を実施している。短大・高専卒以上の25～49歳の女性5155人が調査対象だ。そのなかで学校卒業後に就職した会社を辞めた女性4333人にその理由を尋ねている（3つまで複数回答）。上位3つに「ほかにやりたい仕事があったから」28・6％、「仕事に希望が持てなかった」27・5％、「結婚のため」22・8％が並ぶ。「妊娠・出産・育児のため」は10・6％で意外と低い。むしろ仕事の内容や与え方など「働きがいのない」職場環境が退職の引き金になっていることを見過ごしてはいけない。

2 女性活躍は女性の問題ではない

意欲が乏しい元凶は何か

2つ目の誤解は、女性社員だけに対する働きかけで女性活躍が進むと考えている点だ。男性

コア人材としての女性社員の育成に関する調査

女性社員の活躍を推進するうえで「女性社員の意識」が課題だと回答した企業に、
男性上司の女性社員に対する見方を尋ねた（複数回答）

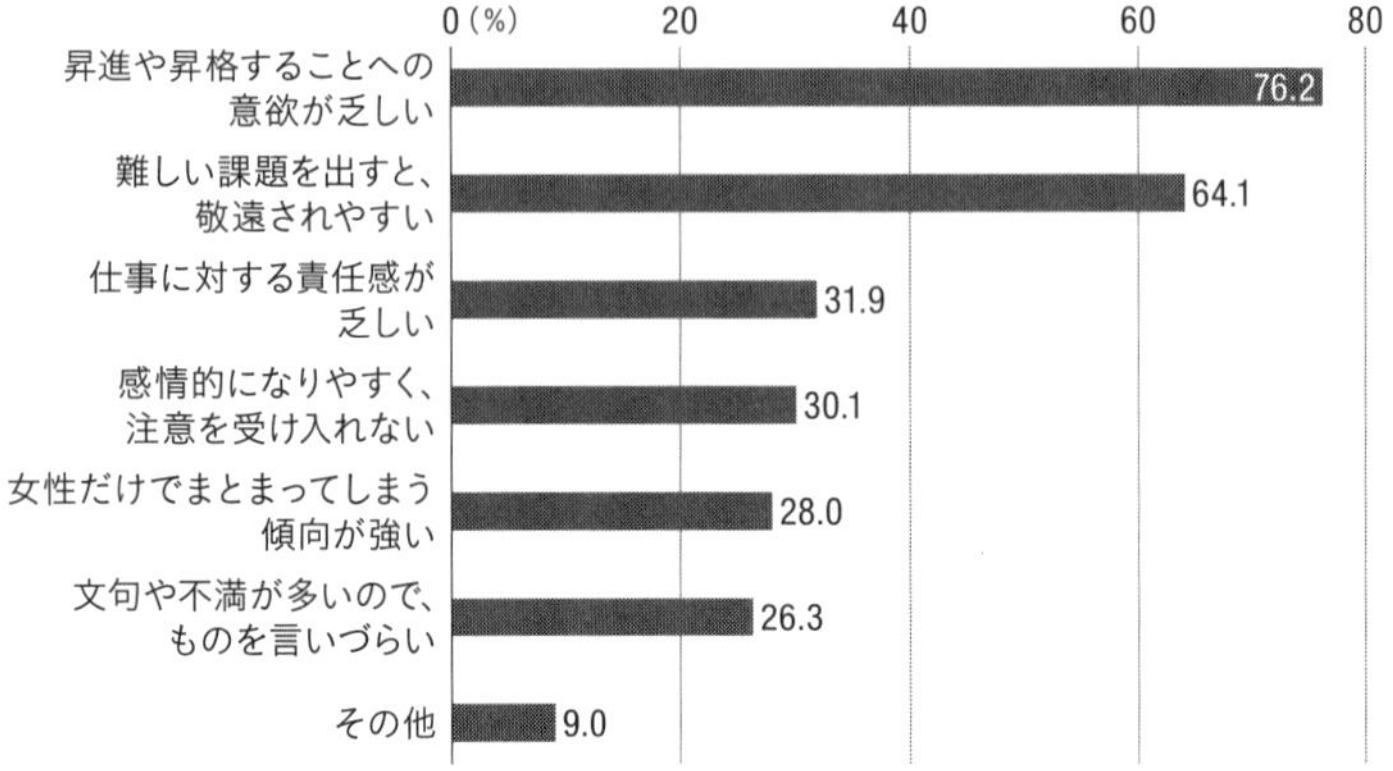

出所：日本生産性本部、2015年10～11月実施、有効回答＝587社

管理職や、できれば女性社員の夫も巻き込めれば女性活躍は加速する。

第1章で日本生産性本部「コア人材としての女性社員の育成に関する調査」（2015年）を紹介した。「女性社員の活躍を推進するうえでの課題」を人事担当者に尋ねた設問（複数回答）で、最多は「女性の意識」81・6％だった。この設問には続きがあり、「女性の意識」の具体的な内容も複数回答で尋ねている。上位から「昇進や昇格することへの意欲が乏しい」「難しい課題を出すと、敬遠されやすい」「仕事に対する責任感が乏しい」など女性に手厳しい見方がずらりと並ぶ。女性活躍推進策として女性社員の意識改革を目的に社内研修・セミナーを開く企業も増えてきた。

多くの男性はこの回答結果をみて、少なからず心当たりがあり、納得するかもしれない。だが肝心なのは、なぜ女性社員がこういった意識を持つに至ったのかをさらに突き詰めて考えてみることだ。

ビューティーコンサルタント（ＢＣ）の働き方改革を進めるとき、資生堂はＢＣに対するキャリア形成・スキルアップ責任を現場の営業部長が負っていることを再確認し、営業部長に対応を求めた。「子育てＢＣ＝戦力外」とする先入観が職場に広がり、男性営業部長が女性ＢＣの育成責任を十分に果たしていなかったからだ。

同様の問題は日本企業に広くみられる。男性管理職が女性社員の育成を意識しないため、責任の伴う、やりがいある仕事は男性部下に優先して与えられ、女性の働く意欲の減退を招いている。女性社員を対象に意識改革を迫る対処療法は現状改善に欠かせないが、元凶である職場のマネジメントにも手を打たなければ構造的な問題は解決しない。「女性の意識が問題で……」と嘆く状況からいつまでも抜け出せない。

21世紀職業財団「若手女性社員の育成とマネジメントに関する研究調査」（２０１５年12月）に興味深い調査結果がある。調査は大手企業10社に勤務する２００３～13年入社の１３４８人

（男性747人、女性601人）に行った。管理職が若手社員の成長にどんな影響を与えているかを男女の相違点を含めて分析している。

自信が持てない若手女性

一般的に女性は男性より仕事に自信がないといわれている。同調査でもその傾向が出ている。「難題に直面したときになんとかやりとげる自信がありますか」という設問に、若手男性社員の26・4％は「自信がある」と答えたが、女性の「自信がある」は18・5％にとどまった。おもしろいのは自信の有無と、管理職の仕事の任せ方との因果関係だ。調査のなかで、若手社員に「管理職はあなたに仕事を任せてくれましたか」という設問も投げかけている。この設問と先の設問をクロス集計すると「管理職が仕事を『任せてくれた』」と回答した女性は22％が「（難題に直面したときやりとげる）自信がある」と答えたが、「任せてくれなかった」などと回答した女性では11・2％しか「自信がある」と答えていない。その差はほぼ2倍。この回答結果は統計的に有意な差が認められており、管理職の働きかけ（仕事の与え方）が女性社員の自信を高めるのに重要だと分かる。

同研究調査では、管理職のどんな要因が女性部下への配慮に関係しているかも統計分析して

女性の自信と管理職の働きかけ

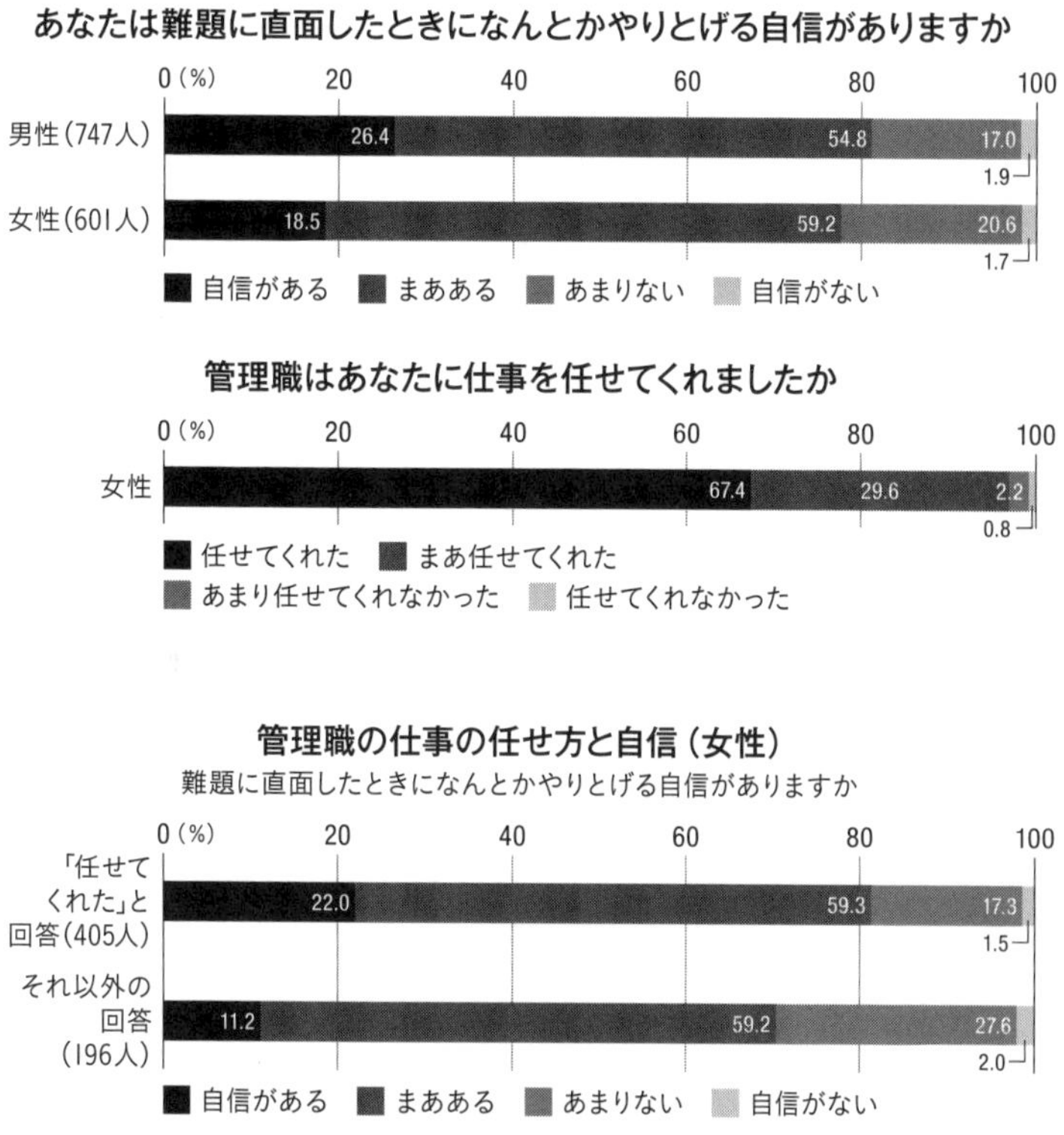

出所：21世紀職業財団「若手女性社員の育成とマネジメントに関する調査研究」（2015年12月）

いる。詳細な説明は省くが、「男性が外で働き、女性は家庭を守る」といった男女の性別役割分担意識が強いほど女性部下への仕事を軽減する傾向がみられた。個人的にどんな価値観を持つかは自由だが、それが職場での女性育成に影響を及ぼしているとしたら企業も無視できない。持続的に女性が育つ職場環境をつくるには男性上司の意識改革を促す取り組みが大切だ。

夫の少しの協力で

一方、職場での男性管理職と同様に家庭では夫の意識改革が期待される。

ＢＣに遅番や休日勤務を求めた資生堂の働き方改革は「子育て社員に冷たい」「仕事を続けられなくなる」などネット上を中心に批判が高まり、世間を騒がせた。

だが取材した範囲では社外と比べて社内は予想外に平穏だったようだ。会社が方針を明らかにしてから当事者のＢＣが子育て環境を見直すまでは、混乱もあり、丁寧な調整も必要だった。それでもほぼ全員が働き方を見直して、２０１４年4月以降は多かれ少なかれ遅番や休日勤務を担っている。会社側も通常勤務者と同等の勤務シフトを強制しなかった。できる範囲の月数回程度で構わない方針だった。大きな混乱もなく無事移行できたのは、その程度ならば夫側が仕事を調整すれば妻に代わって家事・育児を担えたからだと推測できる。

共働き夫婦は今や日本の主流派だ。ただ性別役割分担意識は男女双方に根強く残る。洗濯や掃除、炊事、育児など家庭のことを妻任せにできる男性と、家庭でそれらを担っている既婚女性が職場で対等に競い合えるはずもない。企業も専業主婦が日本の主流だった１９９０年代以前の働き方をいまだに社員に求める。長時間勤務をこなし、仕事に集中できたのは男性が会社で働いている時間帯に炊事や洗濯、育児をこなしてくれる専業主婦の妻がいたからだ。専業主婦を持てない女性社員には受け入れがたい働き方だ。

女性管理職の数値目標設定について、反対派の男性は「昇進・昇格は実力本位。公平に評価すべきだ」と主張する。本気で「公平」にこだわるならば、家庭を妻に任せて仕事に集中できる男性社員と、家庭責任を負う女性社員を同じ尺度で測って評価することは、公平な競争といえるのだろうか。

女性管理職の４割がシングル

独立行政法人労働政策研究・研修機構は２０１３年度「男女正社員のキャリアと両立支援に関する調査結果」のなかで、民間企業に勤める管理職の家族・家庭状況を調べている。従業員３００人以上の会社の男性管理職（課長・部長）は約８割が既婚で子どもがいる。一方、女性

管理職の家庭状況＆家事分担状況

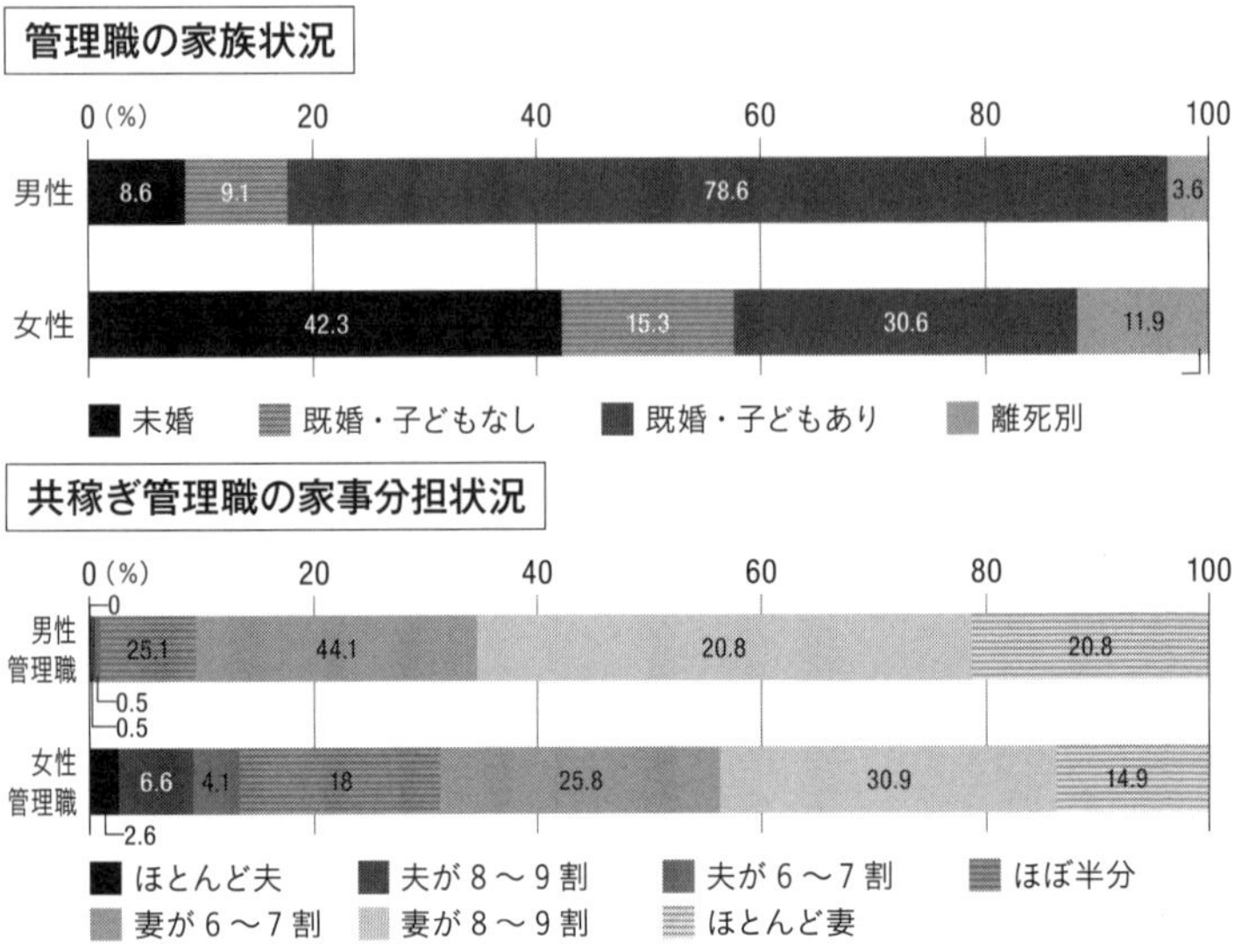

出所：2013年度「男女正社員のキャリアと両立支援に関する調査結果」（独立行政法人労働政策研究・研究機構）従業員300人以上の男女管理職（課長、部長）、男性399人、女性194人が回答

管理職はシングルが多数派で約4割を占める。既婚・子どもありは3割にすぎない。

結婚するかしないか、子どもを持つか持たないかは個人の選択だ。ただ同じ管理職でありながら、男女差はあまりに大きい。厳しい出世争いに勝ち残るためには女性だけが家庭生活を断念せざるを得ない現状が透けてみえる。調査は共働き管理職（夫婦がともに正社員）の家事分担状況も尋ねている。男性管理職は「ほぼ半分」が8．5％、妻の比重が高いケース（「妻が6～7割」「妻が8～9割」「ほとんど妻」の合計）

が９割を占める。一方、女性管理職は「ほぼ半分」が18％で、妻（つまり自分自身）の比重が高いケース（同）が７割に上る。女性は管理職であっても家事・育児負担が夫より相変わらず重い。

女性活躍を進めるうえで、女性管理職が置かれたこうした状況を看過できない。理由は２つある。

１つは家庭を犠牲にせざるを得ない女性管理職のライフスタイルをみて、若い女性社員は管理職への昇進・昇格意欲を失うことだ。

女性活躍推進施策の１つに「ロールモデル」がある。将来の目標としてほしい社内の先輩女性を若手女性社員に例示し、自分が今後歩むべき道を具体的にイメージしてもらうための試みだ。以前からある女性活躍施策なのだが、最近特にロールモデル施策の評価・評判が芳しくない。会社は通常、社内の女性管理職をロールモデルに指名する。しかし先の調査結果で示したとおり、キャリアと家庭をうまく両立できている女性は少なく、むしろ下の世代の女性社員からすると目標にしづらい。「あんなに頑張らないとキャリアは築けないのか」と、むしろモチベーションダウンの原因にもなっている。

もう一つの理由は、ダイバーシティ（人材の多様化）効果が制限される懸念だ。企業が女性活躍推進に熱心なのは、優秀な人材の確保に加えて、多様な価値観を商品・サービス開発や、経営判断に反映することで、多様化する市場ニーズに柔軟に対応するためでもある。いわゆるダイバーシティ経営への転換だ。多様化をみるカテゴリーは性別や国籍、年齢、宗教などが挙げられる。だが本質的に大切なのは多様な経験と発想だ。性別や国籍、年齢などが異なっていても、経験が似通っていて発想も同一ならば価値観の多様化は生じない。ダイバーシティ経営の一環として女性登用を進めるのは、男性が回避してきた子育てや家事、地域活動などを多様な経験を有しているからでもある。こうした経験を持つ女性が管理職層に入れないならば、経営に与えるダイバーシティ効果も半減してしまう。

ただ第3章でも指摘したとおり、妻の夫の意識改革は1つの会社が担える問題ではない。日本社会全体が同時に一歩踏み出さなければ効果が薄い。国や行政の役割に期待したい。

3 結果はすぐに出ない

3つ目の誤解は、取り組みに即効性を期待していることだ。政府は「2020 30」をキャッチフレーズに2020年までに女性管理職比率を30%に高めると目標を掲げている。資生堂は女性管理職比率が30％に迫り、国の設定期限よりも早く目標を達成する見通しだ。だが30％の目標を社内で設定したのは２００５年。約10％だった女性管理職比率を10年以上かけて引き上げた。さらにさかのぼって考えれば女性活躍推進に本格的に取り組んだのは福原義春が社長に就いた１９８７年。ここまで30年をかけている。

日本の企業社会は男性中心の価値観が深く根付いている。職場風土を抜本的に見直して、女性が活躍できる環境につくり替えるのは、そう簡単なことではない。安倍内閣が女性活躍推進の旗を振り始めたのは２０１３年。そのころから取り組みを始めた企業のなかには「効果がみえない」と嘆き、すでに息切れの兆候もみられる。しかし資生堂の取り組みに比べれば、わずか10分の１の期間でしかない。とはいえ今後30年も悠長に待ってもいられない。１９８７年に取り組みだした資生堂と比べて、今から女性活躍推進を始める企業が恵まれているのは先進事例が豊富にあることだ。他社の試行錯誤から女性活躍推進のエッセンスを学べば、目的達成までの期間は短縮できる。

30年にもわたる資生堂の取り組みのなかで特に参考にしたい姿勢が２つある。１つは経営トップの関与だ。１９８７年の福原義春から現社長の魚谷雅彦まで６人が資生堂社長を務めている。歴代社長はいずれも女性活躍推進を重要な経営課題だととらえて積極的に取り組んできた。

女性活躍推進に限らず人事施策全般にいえる傾向だが、成果や結果が数字で測りにくいため、景気悪化など外部環境が変化すると経営課題のなかですぐに優先順位が下がってしまう。過去に先進的な取り組みで話題になった企業を思い浮かべてみても、バブル経済崩壊や、90年代後半の金融不況、2008年のリーマンショックなどを契機に停滞してしまった事例は多い。時間のかかる職場風土の改革を継続するには経営トップの揺るぎない信念が大切だ。

女性活躍を迅速に推進するためには思い切った施策も必要となる。そんなときこそトップダウンのリーダーシップが効果を発揮する。2000年代後半に前田新造は人事委員会をつくり、幹部クラスの昇進・昇格を委員会で議論して決定する仕組みをつくった。人事部は各事業部門と調整し、複数の候補者リストを人事委員会に提案した。候補者リストに女性が入っていない場合、前田は再考を命じた。現社長の魚谷雅彦は本部長、役員以上がサクセッション・プラン（後継者育成計画）を立てる際、自分の後継者候補に必ず1人女性を挙げるように厳命している。こちらも女性を挙げられない場合は問い質している。個別の人事案件に介入できるのもトップの権限があるからこそだ。これらトップの働きかけによって、個別案件が実際にいくつも見直された。

トップが率先して行動を示すと、組織の隅々まで女性活躍推進の意識が浸透していく。それは管理職層の意識改革も促し、組織全体の変革スピードを上げる効果が期待できる。

もう1つは05年度以降に目標と年次計画をきちんと立てて継続的に取り組んできたことだ。PDCAサイクルを回しながら、有効な手立ては拡充し、効果の上がらない施策は見直してきたから女性活躍は停滞することなく、進んできた。

2005年度に第一次男女共同参画計画（05〜06年度）を策定し、2013年度30％の女性管理職比率目標を資生堂は定めた。その後、第二次計画（07〜09年度）、第三次計画（10〜13年度）と計画の進展具合をチェックしたうえで新たな計画を立てて実施している。第二次計画から始まった一人別人材育成は、第1次計画期間中の登用のスピードが遅いと判断して新規に考案した仕組みだ。次世代リーダー候補者を人事部がピックアップし、候補者の直属上司と育成プランを練って実施した。女性社員全体の底上げにもつながり、女性登用のスピードは高まった。第三次計画では女性のキャリア意識向上のための「キャリアアップフォーラム」を新たに始めている。第二次計画までで仕事と子育てを両立しやすい環境がほぼ整ったことを受け、女性社員自身に仕事に対する意欲を高めてもらう狙いがあった。

女性活躍推進に取り組む企業は多いが、資生堂のようにきちんと年次計画を立てて取り組む企業は案外少ない。2016年4月から、従業員301人以上の企業には行動計画づくりが義務づけられた。計画は立てて終わりではなく、進捗状況を見守り、効果がなさそうな施策は臨機応変に見直す姿勢が改革をスピードアップする。そのことを資生堂の取り組みは教えてくれる。

4 女性活躍推進法にどう対応するか

女性活躍推進法（正式名称＝女性の職業生活における活躍の推進に関する法律）は2013年に安倍首相が始めた「ウーマノミクス」施策の集大成といえる取り組みだ。女性活躍とはそもそも何なのか。法律は第一条で「自らの意思によって職業生活を営み、又は営もうとする女性がその個性と能力を十分に発揮して職業生活において活躍すること」と定義している。2016年4月1日に本格施行し、従業員301人以上の企業は①自社の女性の活躍に関する状況把握・課題分析、②状況把握・課題分析を踏まえた行動計画の策定・社内周知・公表・届け出、③女性の活躍に関する情報公表――が義務づけられた。従業員300人以下の企業もこれらが努力義務となっている。

法律制定の背景を改めてみてみる。一番の理由は少子高齢化に伴う生産年齢人口の減少だ。

日本の合計特殊出生率（1人の女性が生涯に産むと推定される子どもの数）は1970年代に人口維持に必要な水準（2・07）を下回った。2005年に戦後最低の1・26まで落ち込み、その後は回復基調にあるものの、2014年も1・42にとどまり、少子化は深刻な状況だ。70年代以降に少子化対策を怠ったツケが回ってきて、日本の人口は2004年に1億2800万人をピークに減少に転じた。働き手に該当する生産年齢人口（15～64歳）は1995年に先に8700万人でピークを迎え、2015年は7700万人まで減っている。わずか10年で1000万人の労働力が消えた。企業にとって働き手の減少は死活問題だ。そこで女性に目を向けた。2014年の女性の労働力率（生産年齢人口に占める労働力人口、15～64歳）は66・0％で、男性84・8％と大きく開いている。もしも労働力率が男性と同じになればそれだけで労働力人口は700万人増える。

日本は先進諸国のなかでも女性管理職比率も11・3％と低い（2014年）。米国43・7％、オーストラリア36・2％、英国35・3％に遠く及ばず、韓国11・2％と下位争いをしている状況だ。男女に仕事の能力で差があるはずもなく、女性管理職比率の低さは女性の力を有効に活用できていない表れでもあった。

ダイバーシティ経営への関心が企業社会で高まっていた背景もある。戦後の高度経済成長期のような大量生産・大量消費の時代は、いかに効率よく生産するかが企業の利益につながっていた。だが、市場が成熟し、個人の価値観が多様化すると、消費者ニーズに合致した商品・サービスを提供できないと業績は伸びない。そのためには企業側も多様な価値観を持つ人材を組織に取り入れなくてはいけなくなった。

もちろん根底には男女で差があるのは許されないという基本的人権の問題もあった。こうした様々な要素が複合し、女性活躍推進ムードが日本全体で高まり、法律制定につながった。

状況把握と課題分析、「えるぼし」認定

法律は２０１６年４月１日に本格施行しているので従業員３０１人以上の企業は、状況把握・課題分析、行動計画づくり、情報の公表を済ませているはずだ。行動計画づくりなどに直接関わっていないにしても、自社の現状を確認するために状況把握・課題分析を試してみるといいだろう。国はそのためのマニュアルを公表している。マニュアルは厚生労働省のホームページ（http://www.mhlw.go.jp）「女性活躍推進法特集ページ」からダウンロード可能だ。①採用した労働者に占める女性労働者割合、②男女の平均勤続年数の差異、③管理職に占める女性労働者の割合——の３つのデータを基に会社の状況を６タイプに分類できる。それぞれのデ

女性活躍推進状況 6タイプ

	採用者に占める女性割合	男女の平均勤続年数の差異	女性管理職比率	特徴や課題
目安の値	20%以上	70%以上	20%以上	
タイプ①	○	○	×	採用女性割合が高く、就業継続も進んでいるが、管理職割合は低い。両立支援環境は整っているが、女性の配属・役割・評価などに問題があり、女性がキャリアアップできていないのではないか
タイプ②	○	×	×	採用女性割合は高いが、両立支援環境や職場風土、労働時間等に問題があり、就業継続が困難となり、その結果、管理職への登用も進んでいないのではないか
タイプ③	○	×	○	管理職割合が高い理由が、採用女性割合が著しく高いためで女性が多数派企業でありながら職場のマネジメントが男性中心となっていないか
タイプ④	×	○	○or×	勤続年数の男女差は小さいが、採用ができておらず、女性管理職が育っていない（育っていても一部の職種・部署に限られている）。社内における女性の役割が限定されており、配置などに男女の偏りがあるのではないか
タイプ⑤	×	×	○or×	女性がほとんど活躍できていない（あるいは一部の女性のみが活躍している）。社内に女性に適した仕事が少ないという認識があり、両立支援環境が整っていない。長時間労働を前提とした働き方になっているなど、女性を受け入れる環境が整っていないのではないか
タイプ⑥	○	○	○	採用女性割合が高く、就業継続もできており、管理職割合も高い。男女間の賃金格差や女性役員割合など、さらなる女性活躍推進に向けて課題はみられないか

出所：厚生労働省「一般事業主行動計画策定支援マニュアル」

ータの目安をあわせて公表しており、それを上回っているか否かで判断する。厚生労働省は「女性の活躍推進企業データベース」サイト（http://www.positive-ryouritsu.jp/positivedb/）を開設し、企業の情報公開を助けている。2016年5月1日時点で約4700社が情報登録済みだ。上記の3つのデータは同サイトで確認できるので、同業他社との比較や、就職を希望する企業の実態把握などに役立つ。

女性活躍が進んでいる企業を国が認定する制度も法律は盛り込んでいる。5つの評価項目があり、いくつ基準を満たしているかなどを条件に3段階で企業を認定する。認定を受けるとオリジナル認定マーク「えるぼし」を商品や広告、名刺、求人票などに使用することができ、女性活躍先進企業であることを外部に積極的にPRできる。今後は女子学生らが就職先を選ぶ際、目安にするケースが広がり、求人活動で有利に働きそうだ。さらに政府は2016年度以降、公共調達など（総合評価落札方式・企画競争方式）で、女性活躍推進認定企業を優遇する方針だ。16年度予算で対象となる公共調達は約5兆円に上る見通しだといい、これまで女性活躍が遅れていた業種でも取り組みが進み、認定を目指す企業が増える公算だ。

企業にとって懸案は目先の利益だけではない。今後少子化高齢化は速度を上げて進んでいく。国立人口社会保障・人口問題研究所の将来推計人口によれば2016年は大学卒業年齢に当たる22歳人口は124万人に上っている。10年後は10%減少して111万人となり、20年後の2036年にはついに100万人を割り込み、98万人に落ち込む見通しだ。優秀な大卒人材は企業間の争奪戦が激しくなる。女性活躍推進法のポイントは各企業に女性活躍状況の公表を義務付けたことだ。誰もが容易に企業比較ができる。女性に選ばれる就労環境を整えておかないと新卒採用で苦戦を強いられるかもしれない。資生堂の取り組みを振り返ってみると、10年、20年はあっという間だ。社員の意識改革や職場の風土改革などは一朝一夕に実現できない。有効な手立てを早く打たないと同業他社に取り残されてしまうかもしれない。

あとがき

資生堂とは不思議と縁がある。新聞記者の取材活動に「夜討ち朝駆け」と呼ばれるものがある。経営者や政治家、行政の幹部職員などキーパーソンの自宅を訪問し、公式の場では聞きにくい質問をぶつけて、本音を探る。同業他社の記者がいない場で話を聞けるので特ダネを取るのに特に有効だといわれている。私は記者人生のほとんどを特ダネの取り合いとは関係のない企画部門で送ってきた。そのため「夜討ち朝駆け」の経験は数えるほどしかないのだが、記者になって初めて「夜討ち」を掛けたのが資生堂社長の福原義春氏（当時）だった。

もう四半世紀前のことだ。女性の職場進出に伴い、セクシャルハラスメント（セクハラ）が問題になり始めていた。まだ法律の規定などはなかったが、資生堂が男性社員向けにセクハラ防止研修を開いていると聞き、研修内容や会社の狙いを知りたかった。ただ広報担当者のガードが固かった。今ほどセクハラ研修は一般的ではない。研修を開いていると社外に知られると、セクハラ事案が社内であったと誤解されることを恐れたのだろう。でも先進的な取り組みとして、どうしても記事にしたかった。そこで福原社長に「夜討ち」を掛け、直談判したのだった。思えば当時から資生堂は女性活躍推進に真摯に先駆的に取り組んでいた。その後も女性活躍推進や子育て支援、ワーク・ライフ・バランス（仕事と生活の調和）等の先進的な取り組みを折に触れて取材させていただいた。長い付き合いが今回の書籍につながった。

取材を進めていく過程で次々と知りたいことが出てきて、社長をはじめとして資生堂の多くの方々に話を聞かせていただいた。一人ひとりのお名前はここに記さないが、この場を借りてお礼申し上げる。また、取材調整や資料、データの請求などに忍耐強く対応していただいた資生堂広報部の荒木章太氏には特に感謝の意を表したい。

なお、書名タイトルで使った「資生堂インパクト」は日経BP社執行役員麓幸子氏の造語である。「資生堂ショック」がネガティブな意味合いで使われていたなか、社会を正しい方向に変える出来事だとして「資生堂インパクト」と名付けた。書名で使うことを快諾してくださった麓氏にもこの場を借りてお礼を申し上げる。

2016年5月

石塚由紀夫

石塚由紀夫 いしづか・ゆきお
日本経済新聞社編集委員／女性面元編集長
1964年新潟県生まれ。早稲田大学卒。1988年日本経済新聞社入社。
日本経済新聞では少子高齢化や女性のライフスタイル、
企業の人事制度などを主に取材・執筆。
2015年法政大学大学院ＭＢＡ（経営学修士）取得、
修士論文のテーマは女性管理職のキャリア意識とその形成要因。
同年女性面編集長（日本経済新聞社では男性初）。
2016年より編集局経済解説部編集委員。

資生堂インパクト 子育てを聖域にしない経営

2016年5月24日　1刷
2016年6月9日　2刷

著　者　石塚由紀夫
発行者　斎藤修一
発行所　日本経済新聞出版社
http://www.nikkeibook.com/
東京都千代田区大手町 1-3-7　〒100-8066
電話 (03) 3270-0251（代）
印刷・製本　シナノ印刷株式会社

ISBN 978-4-532-32076-8 Printed in Japan